本书得到教育部首批新文科研究与改革实践项目
"新文科背景下政产学研协同培养传媒人才机制创新与实践"
（2021090049）资助

浙江省普通本科高校"十四五"重点立项建设教材

中国新闻传播大讲堂浙江讲堂系列教材 ｜ 总主编　韦　路

"飘萍"面对面

浙江飘萍奖人物案例解析

李文冰　主编

ZHEJIANG UNIVERSITY PRESS
浙江大学出版社
·杭州·

图书在版编目（CIP）数据

"飘萍"面对面：浙江飘萍奖人物案例解析 / 李文
冰主编. -- 杭州 ：浙江大学出版社，2025. 8. --（中
国新闻传播大讲堂浙江讲堂系列教材 / 韦路总主编）.
ISBN 978-7-308-26388-7

Ⅰ. K825.42

中国国家版本馆CIP数据核字第2025W3M742号

"飘萍"面对面：浙江飘萍奖人物案例解析

李文冰　主编

策划编辑	黄静芬	
责任编辑	阎　畅	
责任校对	张闻嘉	
封面设计	周　灵	
出版发行	浙江大学出版社	
	（杭州市天目山路148号　邮政编码 310007）	
	（网址：http://www.zjupress.com）	
排　　版	杭州林智广告有限公司	
印　　刷	杭州高腾印务有限公司	
开　　本	787mm×1092mm　1/16	
印　　张	13.75	
字　　数	260千	
版 印 次	2025年8月第1版　2025年8月第1次印刷	
书　　号	ISBN 978-7-308-26388-7	
定　　价	68.00元	

总 序

"中国新闻传播大讲堂"（以下简称"大讲堂"）创设于 2020 年，由教育部、中宣部、中国记协指导，教育部高等学校新闻传播学类专业教学指导委员会具体组织实施，在培养会讲中国故事、讲好中国故事的卓越新闻传播人才方面，建设了长效机制，取得了切实成效。"大讲堂"邀请优秀新闻工作者作为讲述人，汇集优质新闻资源，将新闻实践融入全国新闻院校的课堂教学，以强化马克思主义新闻观教育，培养新时代卓越新闻传播后备人才。目前，"大讲堂"实现了对全国新闻传播学类专业的全覆盖，实现了全国新闻传播学类专业"共上一堂马克思主义新闻观课"，推进了优质资源共建共享，有力提高了新时代卓越新闻传播后备人才的自主培养质量。

经过数年的建设，"大讲堂"已经成为生动的国情大课、有温度的思政大课、有水平的专业大课、有实践力和穿透力的中国金课。作为全面落实立德树人根本任务、加快推进新文科建设的重要举措，"大讲堂"致力于探索构建新闻传播学中国自主知识体系，创新新闻传播领域新文科建设的中国实践，打造新闻传播人才自主培养的中国方案。具体来说，"大讲堂"具有五大鲜明特征。

第一，思政引领，国情教育融入专业课程。"大讲堂"以"国情课、思政课、专业课"三位一体的模式，强化思想政治教育与专业素养教育的融合。"大讲堂"每年聚焦重大主题，引导学生理解国家战略与新闻使命的关联。例如，2020 年以"来自武汉抗疫一线的报道"为主题，2021 年倡导"践行四力 与时代同行"，2022 年关注"新时代 新征程：记者的使命与担当"，2023 年聚焦"中国式现代化：记者的行与思"。通过主题学习，同学们涵养了家国情怀，树立了奋斗目标，找准了未来的发展方向。

第二，实践导向，业界经验化为教学资源。"大讲堂"的核心特色是将一线新闻工作者的实践经验转化为立德树人的教学资源，搭建了产教融合的常态化通道和机制。每年的课程都会邀请全国主流媒体的优秀新闻工作者亲身讲述，通过真实故事分享个人感悟，围绕新闻采访与写作、全媒体报道、国际传播、深度报道和记者成长成才等内容，既传递价值观，又总结方法论，是面向新闻传播学类专业学生进行实践教学的鲜活资源和生动素材。

第三，资源共享，课程影响实现全国覆盖。"大讲堂"通过数字化手段实现优质教育资源全域共享。"大讲堂"一经启动就形成了对全国开设新闻传播学类专业的所有719所高校、全部1391个专业点、29万余名学生的全覆盖，这些数据还在逐年上升。对于多数地方高校来说，每年邀请这么多主流媒体优秀新闻工作者走进校园授课实属不易。通过网络视频的形式，"大讲堂"得以让宝贵的教学资源触达更多高校、惠及更多学生，也让全国媒体从业者从中受益。

第四，形态创新，数字技术赋能教学改革。"大讲堂"教学视频通过全媒化、矩阵化的形式在全网传播，已上线"人民网"客户端、"学习强国"学习平台、中国记协网等多个官方平台。2022年，中国新闻传播大讲堂课程群虚拟教研室启动，全国300余所高校的400多名教师参加线上教研活动，形成"课程+"联动效应。2024年，"大讲堂"课程发布采用AI生成数字主持人，打造虚拟场景，增强沉浸体验，体现"人工智能+新闻教育"的前沿理念。

第五，长效机制，制度建设保障持续发展。"中国新闻传播大讲堂"是教育部推进新文科建设的"四大讲堂"中唯一一个每年举办并且覆盖面最广、持续时间最长的大讲堂。教育部、中宣部、中国记协等部门联合推动其成为新文科建设标杆，并将其纳入全国高校新闻传播学类专业核心课程体系，形成常态化教学机制。广大教师在教学中灵活运用"大讲堂"教学资源，积极探索差异化教学路径，持续深化具有学科特色的教育教学改革实践。

为了在浙江上好"中国新闻传播大讲堂"这门大课，让"中国新闻传播大讲堂"这个品牌在浙江叫得更响、擦得更亮、做得更实，浙江省高等学校新闻传播学类专业教学指导委员会（以下简称"浙江教指委"）策划了"中国新闻传播大讲堂浙江讲堂"（以下简称"浙江讲堂"）。一方面，"浙江讲堂"组织在浙高校积极围绕"大讲堂"开展马克思主义新闻观教育，将"大讲堂"融入各校人才培养方案和课程体系，促进"大讲堂"走深走实、落地见效；另一方面，"浙江讲堂"还结合浙江实际，聚焦浙江飘萍奖典型人物、浙江新闻奖获奖作品、央媒看浙江典型案例，通过线上视频、线下讲堂、人物访谈、院长论坛等形式，丰富"大讲堂"内容，拓展"大讲堂"影响，探索具有浙江特色的"大讲堂"教育实践。

2023年，浙江教指委推荐申报的"中国新闻传播大讲堂浙江讲堂系列教材"入选浙江省普通本科高校"十四五"首批新工科、新文科、新医科、新农科重点教材建设项目。系列教材首批包括三本，分别是《"飘萍"面对面：浙江飘萍奖人物案例解析》《讲好浙江故事：优秀新闻案例解析》《央媒看浙江：经典深度报道案例解析》。

三本都是案例教材，也是当前中国新闻传播学类专业特别缺少的教材种类。三本都跟浙江有关，但又各有侧重。《"飘萍"面对面：浙江飘萍奖人物案例解析》以浙江新闻工作者的最高荣誉浙江飘萍奖获得者为案例，通过对典型人物的解析为学生树立榜样。《讲好浙江故事：优秀新闻案例解析》以浙江省新闻奖获奖作品和浙江省各级媒体的优秀新闻作品（栏目）为案例，通过对浙江媒体优秀新闻作品的评析为学生提供范文。《央媒看浙江：经典深度报道案例解析》则以中央新闻媒体关于浙江的优秀新闻作品为案例，通过对央媒浙江报道的评析为学生树立标杆。

党的二十大报告指出："加强全媒体传播体系建设，塑造主流舆论新格局。""加快构建中国话语和中国叙事体系，讲好中国故事、传播好中国声音，展现可信、可爱、可敬的中国形象。"[①]"中国新闻传播大讲堂浙江讲堂系列教材"就是要通过典型案例让学生学习如何成为一个优秀的中国故事讲述者。

希望这套教材能够成为"中国新闻传播大讲堂"教学资源的重要补充，成为具有浙江特色的新闻传播学案例教材，为新时代卓越新闻传播人才的培养作出浙江贡献。

韦　路

2025 年 6 月 11 日

① 习近平.高举中国特色社会主义伟大旗帜　为全面建设社会主义现代化国家而团结奋斗——在中国共产党第二十次全国代表大会上的报告.北京：人民出版社，2022：44，46.

序

在信息量激增、信息传播速度迅捷、社会参与广泛的当代社会，新闻工作者的专业性显得愈发重要。因为专业，所以受人信赖。新闻工作者不仅是党的政策主张的传播者，而且是新闻信息的收发者；不仅是时代风云的记录者，而且是历史脉动的传递者；不仅是社会进步的推动者，而且是公平正义的守望者。

浙江作为中国革命红船起航地、改革开放先行地、习近平新时代中国特色社会主义思想重要萌发地，其发展历程是中国共产党党史、新中国史、改革开放史、社会主义发展史的重要组成部分，那些历史的特殊时刻、那些精彩的动人瞬间、那些发展的跨越历程，离不开新闻工作者的精心记录、精准描绘、精彩报道。

浙江飘萍奖，作为浙江省表彰优秀新闻工作者的最高奖项，以新闻界先驱邵飘萍命名，承载着公众对新闻事业的崇高敬意和对新闻工作者的深切期望。浙江飘萍奖自2002年设立以来，每两年评选一次，至今已评选15届，有143名新闻工作者获此殊荣。他们奋斗在新闻事业的第一线，用真实、客观、公正的报道，传递社会正能量，记录时代变迁。

浙江省新闻工作者协会联合浙江传媒学院，选择22位历届浙江飘萍奖获得者，组织了一场"小飘萍"新闻学子与"大飘萍"优秀新闻工作者的对话，这是准新闻工作者与资深记者的对话，也是新闻教育界与新闻业界的对话。获浙江飘萍奖的记者们，与众多青年学子分享他们职业生涯中的难忘经历、心路历程以及对新闻事业的深刻理解。这些故事，有的惊心动魄，有的温情脉脉，但无一不流露出新闻工作者对真相的执着追求、对社会的深切关怀以及对职业的无限热爱。相信这些故事一定能够引导新闻学子们深入思考新闻的本质与意义，激发他们对新闻事业的热爱与向往。

在此基础上，由浙江传媒学院李文冰教授领衔的浙江省普通本科高校"十四五"重点立项建设教材《"飘萍"面对面：浙江飘萍奖人物案例解析》，不仅仅是一本采访实录的编撰，更是一次对新闻工作深层价值的深度挖掘，是对新闻工作者使命与责任的生动诠释。教材在体例上别出心裁，根据人物特点分列四章，每一节由人物介绍、人物代表作、"飘萍"面对面、"小飘萍"心得和人物评析组成，并在章末加入思考讨论题，体现了教材编写的"学科特色"和"应用特色"，即着眼于服务新闻传播学学科人才培养、服务课堂、服务行业、服务社会，以应用为方向，以探索为指向，使学生在与先进榜样的近距离接触中，在实践、思考与探索的过程中更加坚定地追求新闻理想，更加勇敢地面对新闻工作中的挑战。

作为中华全国新闻工作者协会书记处书记，为此书作序令我深感荣幸。在此，我要感谢浙江省新闻工作者协会和浙江传媒学院的辛勤工作，感谢所有参与采访活动的青年学子和浙江飘萍奖获得者。是你们的共同努力，让这本教材得以问世，让我们的新闻事业得以传承和发展。

最后，我衷心希望《"飘萍"面对面：浙江飘萍奖人物案例解析》能够成为青年学子们新闻梦想的起点，成为新闻工作者们职业道路上的灯塔。让我们一起，为新时代的新闻事业贡献力量，为社会的发展与进步贡献智慧。

殷陆君

中华全国新闻工作者协会党组成员、书记处书记

2024 年 12 月 28 日

前　言

本书的缘起

本书缘起于 2021 年第十四届浙江飘萍奖的评选。浙江飘萍奖是浙江省表彰优秀新闻工作者的最高奖项，以新闻界先驱邵飘萍先生命名。浙江飘萍奖自 2002 年设立，每两年评选一次。应浙江省新闻工作者协会之邀，我作为评委参加了第十四届浙江飘萍奖的评选。评选工作结束后，浙江省新闻工作者协会傅亦军秘书长与我商议，希望我能牵头组织浙江传媒学院青年新闻学子，以"小飘萍"对话"大飘萍"的方式采访浙江飘萍奖获得者，汇编成书，以传承飘萍精神、回望初心、激励后辈。党的新闻舆论工作需要高素质的新闻传播人才，高校是人才培养的主阵地，新闻传播人才培养是新闻媒体和高校的共同使命与责任。傅亦军秘书长的这一想法令我十分感佩，也与我一直以来倡导的以实践为导向立德树人、产教媒融合协同培养卓越传媒人才的理念不谋而合。我欣然应允，马上着手组织和策划相关工作。

在浙江省新闻工作者协会的指导下，我们在首届到第十四届浙江飘萍奖获得者中选择确定了 21 位代表作为采访对象。同时以立项选拔的方式，精选了 21 支充满朝气与热情的新闻传播学类专业本科生和硕士研究生组成"浙 young 飘萍"教学实践团队，并为每一个团队配备 1—2 名指导老师。2022 年 5 月起，"小飘萍"们带着对新闻事业的热爱与敬畏，利用双休日和短学期，踏上了寻访"大飘萍"的征程。2023 年第十五届浙江飘萍奖出炉后，在省新闻工作者协会的提议下，采访对象增加了 1 位代表，最后形成了 22 位浙江飘萍奖获得者的采访实录。从初出茅庐到深入对话，学生们在每一次采访中，不仅收获了宝贵的知识与技能，更深刻体会到了新闻工作的艰辛与荣耀，感受到了新闻人肩上那份沉甸甸的使命与责任。

机缘巧合，在"飘萍访谈"即将完成之际，浙江省高等教育学会规划浙江省普通本科高校"十四五"首批新工科、新文科、新医科、新农科重点教材建设项目，浙江省高等学校新闻传播学类教学指导委员会策划了以"中国新闻传播大讲堂浙江讲堂"为主题的系列教材，"飘萍访谈"以《"飘萍"面对面：浙江飘萍奖人物案例解析》为书名列入规划。历时 3 年，这本汇聚了 22 位浙江飘萍奖获得者智慧与风采的采访实录教材得以与大家见面。

本书的框架

要把浙江飘萍奖获得者的采访资料汇集在一起，可以有两种方式：一种是简单按照浙江飘萍奖获得时间线性排序，一种是根据采访主题、访谈对象类型和工作领域进行分类。而教材的体例结构，一般可以被分为几个单元，每个单元包含若干章节，覆盖不同的主题和技能知识。本书受访的浙江飘萍奖获得者，有的长期在省市报社、电台、电视台担任记者、编辑、主持人、评论员，在主战场发挥主力军作用，以主流价值奏响时代强音；有的始终坚守在基层一线，以工匠精神为百姓发声，为时代聚力；有的致力于耕耘媒体融合创新，以互联网思维和融媒体创新产品持续放大主流媒体传播力、引导力、影响力、公信力。根据这些优秀新闻人不同的工作领域和各自独特的闪光点，结合教材编写的一般特征，本书在框架上采用了篇章结构，把22组访谈大致归类为"把握大势　凝聚共识""专业至上　心之所向""扎根基层　传承匠心""融合发展　开创未来"四章，每一章由5—6位浙江飘萍奖获得者案例组成。每一个人物案例又分成人物介绍、人物代表作、"飘萍"面对面、"小飘萍"心得、人物评析五个版块。为便于读者理解，对"飘萍"面对面中部分访谈内容进行了修正。本书在每章章末设计一组思考讨论题，供读者进一步学习和思考。

本书的旨归

习近平总书记强调："党的新闻舆论工作是党的一项重要工作，是治国理政、定国安邦的大事。"[①]新闻工作者，是党的政策主张的传播者、时代风云的记录者、社会进步的推动者、公平正义的守护者。在浙江这片充满活力的土地上，无数新闻工作者以笔为剑，以镜为眼，记录时代的变迁，传递人民的声音。浙江飘萍奖，作为浙江省新闻界的最高荣誉，不仅是对新闻工作者个人卓越贡献的认可，更是对新闻事业不懈追求与创新的崇高致敬。在以中国式现代化全面推进中华民族伟大复兴的新征程中，培养造就新闻传播拔尖创新人才是我们共同的使命，编撰这本教材的目的是希望广大青年学子和年轻的新闻工作者，向先进学习，向榜样学习，面对变化不居的时代和媒体环境，不断掌握新知识、熟悉新领域、开拓新视野、增强新本领，从优秀新闻人的人格魅力和感人故事中、从新时代的伟大实践中不断萃取精神力量，在新闻的道路上，不忘初心、执着坚守、驰而不息。

李文冰

2025 年 1 月 23 日

---

① 习近平.习近平谈治国理政（第二卷）.北京：外文出版社，2017：331.

目 录

第一章

把握大势
凝聚共识

CHAPTER 1

把握大势　凝聚共识

CHAPTER
1

单滨新

"媒"有独钟

单滨新，第十四届浙江飘萍奖获得者

一、人物介绍

单滨新，曾任绍兴市新闻传媒中心党委副书记、副主任、总编辑，绍兴市传媒集团有限公司副董事长，现任绍兴市委统战部常务副部长。第十四届浙江飘萍奖获得者。

2019年4月，绍兴在浙江地市中第一个实行报台整合的媒体融合改革，组建绍兴市新闻传媒中心（传媒集团），单滨新担任绍兴市新闻传媒中心（传媒集团）总编辑。中心所辖的"越牛新闻"客户端传播力指数稳居浙江第一，其个人近5年主创作品有17件获浙江新闻奖一等奖。

二、人物代表作

（一）代表作信息

全媒体特别报道："名士乡·中国梦——今天，我们给您写封信"

首发时间： 2019 年 8 月 23 日

首发平台：《绍兴日报》、绍兴电视台、绍兴广播电台、越牛新闻客户端、绍兴网

（二）创作背景

2019 年 8 月 23 日起，绍兴市新闻传媒中心推出"名士乡·中国梦——今天，我们给您写封信"全媒体报道。该组报道作为庆祝新中国成立 70 周年、配合"不忘初心、牢记使命"主题教育、推进增强"四力"教育实践的大型新闻行动，主题重大，特色鲜明，《绍兴日报》、绍兴电视台、绍兴广播电台、越牛新闻客户端和绍兴网、绍兴发布等同步发力，在社会各界引发热烈反响。

绍兴文化灿烂，名人辈出，特别是自鸦片战争以来，绍兴先贤在各个历史时期、各个领域作出卓越贡献，奏出中国梦交响曲中一个个强劲的音符。这组全媒体报道，以后人给先贤写"告慰信"的视角，回望仁人志士的奋斗历程，讲述绍兴大地的沧桑巨变，立起"走向何方"的精神路标，砥砺奋进再出发，书写中国梦的灿烂篇章，具有重要的时代价值。

三、"飘萍"面对面

"小飘萍"：您是因为什么样的契机进入了媒体行业？

单滨新：我在 30 年前参与了《上虞报》复刊。当年，上虞撤县设市，停办多年的《上虞报》也打算复刊，从宣传文化教育系统抽调了几个同志，我是当年四五月份从教育系统被调来参与试刊号的一些工作。

访谈视频

《上虞报》1993 年 8 月 8 日正式复刊，我记得复刊词的标题十分响亮——《高歌新潮向明天》。也许是因为"明天会更好"的这种激励，我们不知不觉、心甘情愿地度过了复刊初创期的那段艰苦岁月。

当时，从领导到部下，总共也就十来个人，按照《上虞报》复刊后的首任总编辑车广荫的说法，很长一段时间，我们是靠"一把电茶壶、一包方便面、一张旧报纸"这"三件套"熬过来的。因为当时人员少、我们对业务不熟悉、没有照排设备，

每期报纸排印都要去印刷厂跟印，报社通宵达旦，饿了吃方便面，累了就摊开旧报纸，在上面躺着歇一会。

"小飘萍"：30年来，您在不同岗位上工作，这对您从事新闻行业有什么影响？在不同的工作阶段，您又是如何定位自己的？

单滨新：这30年，我在不同岗位工作，但始终与媒体关系密切，可以说"媒"有独钟。我30年的新闻印记，大体可以分为四个阶段，每个阶段各有侧重。

第一个阶段是我在《上虞日报》工作的5年，我先做记者，后做编辑，学习各种新闻知识、技能，我称之为"专业入门者"。

第二个阶段是1998年起我在上虞市委报道组工作的5年和在上虞纪委调研室工作的近1年。那时我主要是一名"新闻外宣者"，向上级各类媒体供稿，宣传报道上虞。那些年，我都会从报纸上把稿子剪下来贴在本子上，每年都有厚厚一本"见报稿"。

第三个阶段是我在绍兴市委办工作的12年，前期是参与，后期是负责市委主要领导活动和市委重要会议、重点工作新闻报道审核、撰写，对接和策划一些市委的重要外宣内容，更多的是"报道把关者"。

第四个阶段是2016年6月起我来到绍兴日报社（报业集团）担任副总编辑至今的7年，更多的是履行"媒体领导者"职责。当然也亲力亲为策划、采写一些报道，宏观、微观的问题都要考虑，理论和实践都要兼顾。

每一阶段的工作，都是我新闻生涯中的宝贵财富。《上虞日报》教会了我"写新闻"的技能，使我对新闻报道有了比较全面的了解。上虞市委报道组培养了我"想新闻"的意识，让我懂得地方新闻要上报，就要把握报道的时机，就要把报道对象的价值挖掘出来。绍兴市委办让我学到了"管新闻"的能力，认识到要从政治、大局层面来看待每一篇报道。

这些工作积累相辅相成，对我7年前来绍兴日报社工作，以及做好当下工作，都很有帮助，使我对"政治性很强的业务工作、业务性很强的政治工作"的媒体工作性质有了更深刻的认识，对守好导向、守正创新、守牢阵地的艰巨性有了更深切的体会。

"小飘萍"：您一直在绍兴工作，绍兴的媒体环境有什么特点？

单滨新：媒体环境跟全球、全国的媒体行业发展关联，同时也与一定的地域文化相关，是地域文化的一种折射。绍兴的媒体环境总体上是积极的，特点是"深厚""浓厚""宽厚"。一是历史氛围深厚。绍兴是首批中国历史文化名城，名人辈出，新闻事业源远流长。1903年，同盟会会员创办《绍兴白话报》；《觉悟》作为浙江第一份中共地方组织的党刊于1924年也在绍兴创办。绍兴籍名人的报刊活动，为我国新闻事业作出了重要贡献，如蔡元培1918年在北大成立我国最早的新闻学研究会并被选为会长，胡愈之被誉为出版界"佘太君"，何云是《新华日报》华北版创办人，"民族脊梁"鲁迅、"鉴湖女侠"秋瑾、夏丏尊、徐懋庸、蒋元椿、柯灵、孙伏园等，这些先辈的报刊活动和重要贡献滋养着一代又一代的绍兴新闻人。

二是社会氛围浓厚。绍兴人爱学习，有很好的阅读传统。2500多年前越王勾践在绍兴"十年生聚、十年教训"时，已有"昼书不倦、晦诵竟旦"的故事。南宋爱国词人陆游，60年间诗万首，晚年"灯前目力虽非昔，犹课蝇头二万言"。"学界泰斗、人世楷模"蔡元培被称为"书痴"，"几乎没有一日不读点书的"。绍兴人爱阅读，对新闻媒体也十分友好。《绍兴晚报》发行走的是市场化路子，这几年一直在10万份以上，居浙江同类城市都市报发行量第一。绍兴电视、绍兴广播在当地的收看、收听市场份额，在全国也是比较高的。

三是政治氛围宽厚。党委政府对媒体是宽容、厚爱的。绍兴的党委政府善于运用新闻宣传推动实际工作，在重大主题、重要政策、重大活动、重要节点等宣传方面，都给媒体定方向、明重点，同时给媒体足够的操作空间，可说是善待媒体、善用媒体、善管媒体。

"小飘萍"：当下的新闻工作环境，与您当年有哪些变化？

单滨新：时代大潮滚滚向前。科技发展、社会变化和传播生态重构，对新闻职业和新闻工作者也产生了深刻影响。我经历和见证了媒体的发展期、黄金期、转型期，确实感觉这些年媒体发展变化很大。

一是信息获取方式变了。以前记者获取信息方式相对单一，主要靠"脚"，靠"耳朵"，现在可以靠"手机"。信源十分广泛、丰富。

二是采访报道形式变了。现在记者可以通过网络、手机应用程序等进行采访，人工智能、智能设备也改变了记者的工作方式。

三是信息发布方式变了。传统媒体逐渐转向数字媒体，记者可以在传统媒体发稿，也可以通过博客、专栏建立运营个人账号，这种去中心化趋势，使得记者更加自主、更有创造力。

当然，这些变化，其实对记者能力提出了更高要求，竞争压力也更大，也更需要媒体深化内容供给侧结构性改革。

"小飘萍"：绍兴市传媒集团是全国媒体融合发展创新的典型案例，它的成绩体现在哪些方面？

单滨新：就地市级媒体融合来看，绍兴起步早，力度大。2019 年 4 月 23 日，绍兴决定整合绍兴日报社（报业集团）、绍兴广播电视总台（广电集团），成立绍兴市新闻传媒中心（传媒集团）。8 月 14 日正式挂牌，意味着组建工作全面完成。

整个组建过程体现了"快""稳""实"的特点，并且做到了"零下岗""零信访""零事故"。4 年来运行平稳有序，获得了许多荣誉，被称为全国地市级媒体融合改革的"绍兴样本"。

如果一定要梳理总结绍兴传媒的成绩，我想这些方面的变化和成效是令人鼓舞的。

一是传播力提升。以越牛新闻客户端为代表的新媒体迅速成长，越牛新闻客户端的下载量超 800 万，日活量超过 25 万，媒体融合指数居浙江第一。同时，广播、电视和报纸的用户覆盖率保持高位并得到提升。

二是经营力提升。这些年在新冠疫情持续影响和经济下行双重考验下，绍兴传媒营收和利润连续 4 年实现双增长，有较好的经济支撑。

三是创新力提升。媒体的主业是坚守意识形态阵地，本职是做精做优新闻宣传。以获奖作品为例，这几年，绍兴传媒获省级以上新闻奖（政府奖）的数量逐年增加，在许多领域都有突破。

四是凝聚力提升。主要表现为员工获得感增强。全体员工在融合改革过程中各就各位、劳有所得，收入水平都有增长，得到了实实在在的激励，用心用情工作的积极性得到调动。

五是形象力提升。政界、业界、学界的许多领导、同行，慕名前来调研、交流，绍兴传媒的知名度进一步提升，也增进了大家对绍兴这座城市的了解，提升了绍兴的知名度、美誉度。

"小飘萍"：在融合改革过程中你们面临哪些难题，又是如何破解的？

单滨新：在 2019 年，我们探索地市级媒体融合改革，起步算早，没有现成模式可借鉴。我个人认为，地市级媒体融合发展有三种模式，分别是内部贯通、横向打通、纵向联通。绍兴采取的是报台整合组建市级融媒体中心的横向打通模式，这种跨媒体整合的模式，与纵向联通模式和内部贯通模式相比，需要处理的关系更多、也更难，可以说是一种体系重构。

如何重构？关键是抓住"人"和"事"这两个重点，让事顺畅运转，让人顺心干事。

我们根据市委的组建方案，结合实际，创造性落实。我在《新闻与写作》（2021

年 1 月）发表的论文《市级融媒体中心建设的绍兴探索》中，进行了比较详细的介绍，主要是"七个重构"：重构组织体系，重构干部体系，重构薪酬体系，重构采编体系，重构产业体系，重构技术体系，重构制度体系。

"小飘萍"：我们了解到，在全省市县媒体融合指数中，绍兴传媒越牛新闻客户端一直位居第一。当初为何要打造这个客户端？

单滨新：我们整合了原来两家单位的新闻客户端，打造了越牛新闻客户端，主要基于这些方面的考虑。

第一，顺应媒体发展大势。在全媒体时代，手机移动端变成了主战场，坚持移动优先是策略，是方向。可以说，是媒体市场、用户需求要求我们打造一个强大的客户端。只有占领客户端这个主战场，主流媒体才能发挥主流价值。

第二，客户端是媒体融合改革的突破口。客户端是报台"联姻"、融合改革的"新生儿"，是融合发展的显性成果和标志性成果。如果"新生儿"能快速成长，也就能很好展示形象，提升信心指数。

第三，客户端建设具有牵引作用，能带动全体员工转变理念、提升技能，继而牵引、倒逼、反哺传统媒体的转型升级，整体提升融媒体中心的传播力、影响力、竞争力。

"小飘萍"："越牛"又是如何发展壮大的？

单滨新："越牛"的破圈密码在哪里？"浙江宣传"微信公众号（2022 年 6 月 2 日）发过一篇文章《"越牛"为啥这么牛？》。我也曾在《中国记者》（2022 年 6 月）发过一篇文章，总结解析了"越牛"的成长路径。可以概括为六个方面：一是政府推动，抓住契机化危为机；二是内容拉动，深耕本土创新供给；三是服务牵动，壮大平台拓展功能；四是市场滚动，紧盯用户强化互动；五是机制撬动，创新运行激活动力；六是开放带动，构筑矩阵优化布局。上面这六个"动"，就是"越牛"发展壮大的动力源。既有其独特性，又有共性规律。

"小飘萍"：您全程参与了绍兴传媒融合改革的许多具体工作，在这个过程中，有什么感受和体会？

单滨新：感受当然有不少。

党委重视、上下同心是前提。习近平总书记说过"媒体融合发展不仅仅是新闻单位的事"。新闻媒体是意识形态前沿阵地，媒体融合发展工作是意识形态建设工作。媒体融合改革涉及各种政策配套、资源配置，只有党委真正重视，有关部门全力支持、上下同心、左右协同，工作才推得动、办得好。

要以增量改革促进存量改革。改革的目的是促进发展、产生增量、激发动力。在这个过程中，实施增量改革，尽可能保证各方利益，在稳定中求发展，然后逐步调整存量，这是比较务实、有效的。这几年，绍兴传媒员工的收入每年都有增长，员工有获得感，这是保障改革顺利推进的重要因素。

体制要创新、机制要灵活。如果把一个组织比作一个人，它的体制就是骨架，机制就是血肉。绍兴传媒全面实行事业单位企业化管理、考核、监督，员工实行岗位管理，采取科学合理的薪酬制度，这些都是保障日常有序运转、改革举措落地的重要因素。

要打造平台型的客户端。坚持移动优先，客户端是重要突破口，应该举全力用心扶持。但客户端光做新闻是不够的，应聚合更多资源，要打造服务群众、用户信赖的"有用"的综合性平台。

实事求是、因地制宜最重要。"绍兴样本"是独特的天时、地利、人和等多重因素造就的。媒体融合发展没有固定模式，适合自己的、管用的就是最好的。"抄作业"是抄不出好成绩的。

"小飘萍"：您是如何看待媒体融合发展趋势的，它的核心是什么？

单滨新：媒体融合发展是个技术问题（技术革新）、经济问题（媒体产业），也是一个政治问题（意识形态），是一个时代大趋势，但又是一个长期的过程。

媒体融合发展，不等于媒体机构的整合，也不是简单地打造一个移动客户端。我非常认同中国人民大学新闻学院宋建武教授的观点，"媒体融合本质是传统媒体互联网化"。从互联网的运行规律和逻辑入手，采用各种手段，去链接更多的用户，把有意义的信息和有价值的服务传导给更多的人，从而在互联网时代坚守舆论阵地，扩大主流舆论版图。

"小飘萍"：在媒体融合方面，有什么需要大家引起重视和关注的问题？

单滨新：一是媒体融合的内卷倾向。主要表现为媒体机构单打独斗，党委政府实质性支持力度需要加大。上级媒体借深耕基层名义，利用行政资源，抢占基层资源，给基层尤其是地市级媒体造成挤压。

二是主流媒体热衷于"借船出海"，入驻商业平台的积极性很高，而忽视打造自主可控的新平台，不愿意"造船出海"。主流媒体把自己的"毛"附在商业平台的"皮"上，不利于把舆论的主动权、意识形态的主动权牢牢掌握在自己手中。

三是脱"实"向"虚"。一些媒体片面追求流量，热衷于创作、传播"鸡毛蒜皮"的大流量，碎片化传播，沦为"娱乐工具"。重大、关键时刻反而失声，缺少对现实的感知和思考，也缺少具有公共价值的、对社会有促进作用的报道。这与简单地对媒体进行流量考核也有关系。经济发展不能脱实向虚，媒体融合也一样。

"小飘萍"：在采访报道、作品创作过程中有没有遇到什么印象非常深刻的事情，让您体会到作为一名媒体人的价值？

单滨新：我讲两件事情。

一件事是20年前，我在上虞市委报道组工作的时候写的一篇报道。2002年，我了解到上虞章镇镇中学大概有三分之一的学生的父母不在身边，学校就让老师担任这些学生的"代理家长"，为他们健康成长营造良好环境。我去采访后写了报道《为学生寻找"代理家长"》，发在《光明日报》的二版头条。稿子发表后，反响很好，学校总结经验，这项活动变成了制度，后来又成了德育教育的特色项目。前段时间，还有人把我这篇一直张贴在学校展馆墙上的报道拍照发我，告诉我学校还保留了相关做法。一篇报道产生的影响，能把一个地方的经验推介出去，进而推动一些工作，这样的"举手之劳"，是很令人欣慰的。

另一件事，是这些年的抗疫报道，尤其是2020年的抗疫宣传报道。当时，新冠疫情形势复杂，深刻影响了社会方方面面。在当年的二三月份，我组织策划了"这'疫'刻"的特别报道，主要由三部分组成。第一部分是"这'疫'刻的答卷"，四篇综述文章，分别为《政府强：风卷红旗过大关》《社会活：万丈长缨缚苍龙》《市场灵：踏遍青山人未老》《城市暖：春风杨柳万千条》，从宏观层面，对绍兴战"疫"的阶段性成果进行回顾。第二部分是"这'疫'刻的启示"，分别以"家国观""治理观""健康观""生态观""科学观""偶像观""发展观"等"七个观"为主题，每个主题一个版面，讲述疫情对人们精神、生产、生活等方面带来的变化和启示。第三部分是刊发长篇评论文章《这"疫"刻的断想》，从生命意识、人类命运共同体、国家力量、人民力量、科学力量、民族精神等方面展开论述，进行理性思考。这组报道，后来被评为浙江省重大主题报道一等奖。现在回想，这组报道在同题竞争中独树一帜，面对全球性的重大突发事件，地方"小"媒体实现大作为，阐释了新闻记者作为历史记录者、时代见证者、社会推动者的价值。

"小飘萍"：您认为哪些新闻报道发挥的作用最大、最令人满意？

单滨新：以"绍兴文史 百镇赋"大型系列报道为例。这是一组地域涉及广、时间跨度大、综合效益好的报道。从2018年3月到2019年7月，为庆祝改革开放40周年，献礼新中国成立70周年，《绍兴日报》与绍兴市政协文史委合作，加上前期准备，大概一年半时间，以散文化的笔调叙说绍兴114个镇街的人文故事、时代变化，报道获得浙江省重大主题报道策划创新奖，后由浙江人民出版社结集出版《绍兴百镇赋》（三册），发行 1.5 万册，是推动优秀传统文化创造性转化、创新性发展的成功实践。

当时，我任绍兴日报社总编辑，把这组报道作为一个重大项目来做。在这个过程中，我是一个构想策划者、组织推动者、具体操作者，也是成果拓展者。

首先是构想策划。我与市政协分管文史工作的冯建荣副主席汇报设想，得到了大力支持。114 个镇街分布在 6 个县（市、区），按什么样的脉络和顺序展开报道？创造性地设计"浙东古运河""浙东唐诗之路""古越国迁徙"这三条线路，使报道的次序一下子清晰了。同时，我与执行总编辑丁兴根等一起对整个报道框架、每个镇街的报道重点、版面呈现都做了充分研究和论证。

作为组织推动者，我在这组报道实施的一年半里，先后组织召开 6 次座谈研讨会，在每一条线路的报道开始和结束时，都及时总结完善。在这个过程中，具体负责这组报道的部门负责人换了 3 个，其间我都盯住不放，确保报道始终坚持高标准，保持整体性，确保参与者始终保持激情，不断精益求精。

在这组报道中，我也是具体操作者。每一个镇街的报道重点我都与记者一起商量，每一篇报道、每一个题目我都认真修改，每一个版面我都调整优化。这 114 篇报道，陪我度过了无数个黑夜。

报道实施过程中，我还及时总结推介。报道结束后，又探索出"新闻出版化"路子，把一组报道变成一册图书，出版《绍兴百镇赋》，并使其成为绍兴的人文词典、文化礼品。

"小飘萍"：您觉得在创作中，最关键的环节是什么？能否分享新闻创新创优的经验？

单滨新：在这些年的工作中，我有几点体会。

第一，要有研究的态度，充分研判作品的创作价值。一个人的精力有限，单位的资源也有限，做就要做更有意义和价值的报道。对新闻题材，事先要充分讨论和研究，值不值得做？做成什么样子？事先要想清楚。比如，2019 年，我组织实施了"名士乡·中国梦——今天，我们给您写封信"的全媒体报道。组织这个报道，事先的研究研判过程很长，我曾在《新闻与写作》（2020 年 1 月）上撰文解析了这个案例。一是报道的主题和推出时间。2019 年，新中国成立 70 周年，重大主题报道任务重，如何在同行竞争中胜出？"名士乡"展示地域的独特性，中国梦彰显主题的时代感，"名士乡·中国梦"这个报道主题，是思考了很久才提炼出来的。二是典型人物怎么选？绍兴名人辈出，哪些人是代表？我专门找人梳理近代以来绍兴代表性名人，走访专家，反复比选，花了2个多月时间，从50个人物中选出25个，兼顾各个历史时期和各个领域，最后确定20个报道对象，分为"著名英烈""文化先驱""经济巨子""科技大家""政治伟人"五大系列展开报道。三是形式如何创新？要把老故事讲新，增强接近性、引发共鸣。四是如何实现全媒体联动？报纸体现报道的"深"与"全"，电视采取情景式报道，广播朗诵后人书信，客户端定制H5作品，在同一天推出，形成声势。这组报道后来获得浙江省重大主题报道策划创新奖，也以《追寻光明》为题结集出书，与事先的精心谋划、认真研究是分不开的。

第二，要把好题材做足做透。遇到一个好题材很不容易，不能浪费，一定要把它做完整、完备、完美。例如，2021年是辛亥革命110周年，我组织实施了"梦与路：东方的觉醒"的特别报道，用了《绍兴日报》12个整版，事先也准备了大半年，共分"绍兴基因""绍兴贡献""绍兴回响""绍兴光芒""绍兴印记"这五个维度和版块，这是浙江新闻史上对辛亥革命最为系统、最大规模的一次集中性报道，获得当年浙江省重大主题报道奖一等奖，被省记协推荐参评中国新闻奖。

第三，要处理好"等"与"抢"的关系。新闻报道的时度效十分重要，但要把握好"等"与"抢"的辩证关系，不能"割青"，也不能"马后炮"。等，其实就是一种积累，一种思考，寻找更好的表达和时机，是精益求精的精神。报告文学《振德之光》是"等"的代表作。抢，其实是一种创优意识、竞争意识、机遇意识。消息《巴只工厂化养蚕改写世界养蚕史》是"抢"的代表作。

第四，要有久久为功的韧劲。认定的事情，方向对头的工作，一开始就要设定目标，坚持不懈。在新闻奖评选中，有好栏目和社会活动奖，两年评一次，交叉进行，含金量比较高。也就是，要评上好栏目、社会活动奖，至少坚持两年，但事实上坚持两年是不够的。最近四年，我们评上了2个好栏目，2个社会活动奖，年年得奖，主要得益于找准了栏目和活动，并且坚持不懈。比如，《绍兴日报》在2016年6月开设《当好河长——跟着河长去巡河》栏目，每周至少一篇；2018年1月在二版开设《与你同行——来自记者联系点的报道》，都花了3年时间评上好栏目。"绍兴的春节礼包"公益活动，已连续组织3年，被评为2022年度浙江新闻奖社会活动奖，全省只有8个。

"小飘萍"：我们了解到您一直在推动新闻业务养成教育，作为总编辑，您是出于什么考虑要推动这项工作的？具体又有哪些做法？

单滨新：作为一个媒体单位的管理者，我在实践中深切体会到，刊播安全的压力越来越大，创新创优后继乏人，也有一些好题材做不成好作品。背后的原因是专业本领不够。只有以人的确定性来应对事的不确定性，才能增强创新创优的核心竞争力。人的确定性，就是专业本领，所以要坚持以人为本、以业务为本，以专业能力的提升来保障新闻生产安全和新闻创新创优。于是，我想到了推动新闻业务养成教育。

新闻业务养成教育不能好高骛远，也不能一蹴而就，得从小处、实处着手，持之以恒。2020年，我倡导并推行了大兴学习之风、积极践行"四力"的"九条举措"，那就是"每年读本业务书""百名记者一线行""我来讲业务""我当新闻把关人""晒晒我的代表作""中层干部每月有策划""员工传帮带""邀请专家作讲座""评选年度优秀论文"。

2022年，我又结合"九条举措"的精神实质，充实有关要求，每年组织采编线开展"争先创优""实战练兵""除险保安"三大行动，每项行动设计几个具体载体，推动队伍、业务齐头并进。

"小飘萍"：到了某个阶段，我们往往会产生职业倦怠感，您是怎么看待的，有什么建议？

单滨新：许多采编人员工作几年后，会对自己的职业产生厌倦，感到疲惫。为什么？是因为没有职业的方向感，没有工作的成就感。如果你没有方向，漫无目的地赶路，心里没有底、没有定力，当然容易累了。也有的人，是因为工作机械重复，没有好的作品，没有进步，原地踏步，得不到表扬，就倦怠了。这种职业倦怠感，也可以理解为遇到成长的瓶颈期。遇到成长瓶颈，不一定是坏事，很正常。这个时候，就要"冲一冲""静一静""熬一熬""换一换"，说不定会"柳暗花明又一村"。

所谓"冲一冲"，就是给自己设定一个看起来不可能完成的任务，努力去突破一下。一旦突破了，收获会很多，进步不是一点点。"静一静"，就是静下心来看几本业务书，听一些业务讲座，总结反思一下过往工作，有时会茅塞顿开。"熬一熬"，就是像克服长跑中的极点一样坚持下去。如果认为方向正确，遇到困难，就应该克服。人与人的差距，有时就在于能否坚持。"换一换"，就是调换一下具体的采编岗位，如记者体验编辑，编辑体验采写，反过来会重新认识原来工作。有了新认识，工作就会有新起色，打开另一番天地。

"小飘萍"：您对新的媒体人有什么建议？

单滨新：年轻人是推动新闻事业逐浪向前的后浪，不缺知识，不缺技能，不缺思想，缺的可能是历练，是机会。我在2020年7月与新入职的员工座谈交流时，曾说过四个词，对大家可能也有启发。

第一个词是"规矩"。世界万物皆有规矩，恪守政治纪律、职业准则、社会公德，这是最基本的。

第二个词是"规范"。我们倡导"不拘一格"，但前提是要知道"格"的标准、"格"在哪里。新闻规范是新闻作品本质特征的体现，不掌握基本规范，最终要走回头路、冤枉路。规范的根基不牢固，创新的大厦是建造不起来的。

第三个词是"规律"。既要埋头赶路，也要抬头看路。不断学习新知识、新技能、新思维，不断思考、总结、创新，遵循新闻传播规律性。谁能掌握规律、运用规律，谁就能以巧取胜、胜人一筹。

第四个词是"规划"。"心有所信，方能行远。"这个"信"，可以理解为职业规划、人生规划。要设定正确的工作目标、努力方向。可以把自己的新闻职业作为一条"青藤"来培育，今天只是一粒种子，但坚持培土、施肥、浇水，它就会发芽、生根、散枝，逐步蔓延，成为长藤，开大大的花，结大大的果，不断收获惊喜。有了年轻人的新闻常青藤，才会有我们新闻事业的常青藤。我们要以新闻队伍常青，赋能新闻事业常青。

四、"小飘萍"心得

相较于文本解读或者理论研究，倾听前辈的生涯故事、感悟其所思所想，能给我们带来更大的心灵冲击。单滨新老师几十年来始终是新闻事件的发现者和时代的见证者。他对自己工作的点滴如数家珍，他始终强调党的新闻工作者，必须在思想上政治上行动上同党中央保持高度一致，永葆对党忠诚的政治品格。以当好党和人民的喉舌为己任，用党的创新理论武装头脑，以过硬的政治素养和业务本领宣传党的路线、方针、政策，筑牢新闻舆论工作"姓党为民"的宗旨意识。"褚小者不可以怀大，绠短者不可以汲深。"全媒体时代，媒介环境瞬息万变，单滨新老师也要求我们要牢牢把握新闻舆论工作规律，不断掌握新知识、熟悉新领域、开拓新视野。同时，要练好调查研究这个基本功，不断增强脚力、眼力、脑力、笔力，也要练好全媒型、复合型的真本领。

这次对话让我们更加深入地理解了媒体融合的发展趋势和重要性，同时也启发了我们对优秀媒体人应具备的素质和能力的新的认识。我们坚信，以单老师为代表的"飘萍人"新闻理想与媒体精神将继续引领我们走向更广阔的未来。

五、人物评析

"心有所信，方能行远"，在媒体深度融合的背景下，信仰显得弥足珍贵，这份信仰既有对媒体的钟爱，更有对家乡的挚爱。在单滨新 30 余年的新闻生涯中，他亲历和见证了媒体的发展期、黄金期和转型期，他带头推动市级媒体机构整合、融合发展，深化内容生产供给侧结构性改革，策划实施一系列重大主题报道，重抓新闻业务养成教育和新闻创新创优。在他的示范引领下，绍兴市新闻传媒中心在媒体融合改革路上不断奔跑跨越，"越融越红"，越来"越牛"，成为浙江省地市媒体融合的标杆。

⚇ 评析人

朱永祥，浙江传媒学院播音主持艺术学院教授，硕士生导师

管哲晖

记者是能够推动社会进步的

管哲晖，第十三届浙江飘萍奖获得者

一、人物介绍

管哲晖，浙江日报报业集团编委、浙江日报编辑中心主任。第十三届浙江飘萍奖获得者。曾获浙江省有突出贡献中青年专家、省宣传文化系统"五个一批"领军人才等荣誉称号。

管哲晖撰写和参与撰写了《学习之城、创新之城、生态之城——杭州，三城合璧新愿景》《之江平：拥抱世博》及《腾笼换鸟促发展》《我的企业，我的家》等作品，其采编的作品获中国新闻奖 8 次，获浙江新闻奖一等奖 20 余次。

二、人物代表作

（一）代表作信息

评论:《之江平: 拥抱世博——写在上海世博会倒计时一月之际》
首发时间: 2010 年 4 月 2 日
首发平台:《浙江日报》

（二）创作背景

"之江平"是一个笔名，取义"浙江日报重大评论"，其文章最大的特征，就是选题大、立意高、文风实、思想深、文字美、逻辑强。

经过 10 年筹备，于 2010 年举行的上海世界博览会是继北京奥运会后中国举办的又一国际盛会，也是第一次在发展中国家举办的注册类世界博览会。倒计时一月时，根据省委宣传部的要求，浙江日报社把撰写一篇"之江平"的任务交给了管哲晖同志。当时浙江关于世博会的信息、报道都较为零碎，省内有研究的专家也几乎没有，要在短时间内写成一篇重大评论，难度很大。他购买了市面上所有关于世博会的书籍，利用当时并不发达的互联网搜索了尽量多的材料，特别阅读了大量上海的报刊，经过艰辛的消化、思考、写作，奋战近一周，完成了这篇报道，文字凝练清新，娓娓道来，历史与现实、未来有机融合，如期于世博会倒计时一月时在《浙江日报》头版通栏刊发。

（三）代表作

拥抱世博

（上接第一版）进步，是世博精神和理念的集中体现，是需要世博历史和指导未来发展的主流。

一城时的古典世博会，展示工业革命以来的科技发明主义，二战后，它是是国科技与人类之间的关系。20世纪70年代以后，实现环境与可持续发展成为世博会关注的重点。1974年国际社会举办的第一个以环境问题为主题的世博会，上一届更加世博会是以"自然的春天"为主题，提醒人们关注环境事宜。

产业活动、出口依存度深、环境型扩张模式取代绿色、资源环境压力大……这些都不同程度存在于各地经济社会发展的问题上。世博再次揭题我们增强自身、增强转型发展的信念。

绿色建材、光伏系统、智能建筑、实现"零排放"的区位交家具系、色彩前瞻科技技术的门……世博会上充相前能影源和世界先进环保技术，都将启迪我们加快确立浙江此绿色特新产业。

"人们来到城市是为了生活，人们居住在城市是为了生活更美好。"两千多年前古希腊人亚里士多德的话语这了今天的中国人。

"城市，让生活更美好"，上海世博会的主题暗示出着，它同样体现了人对可持续发展的关注，是关对自身命运连在一起的思考。

如今，50%以上人口的发展中国家正在城市，同时又有占含33亿人口的发展中国家正在城市，如何用同一通道于工业化国家的城市化之路，地球更须进不变。

就在几天前，3月25日，联合国发表报告指出，中国正处于城市化的重要转期，城市化水平从1980年的17%跃进至2010年的47%，专家预测，到2050年中国将每有1000万人移居城镇人口。

进入了全面推进城市和融合"新阶段的浙江，是全国最早起步新型城市化战略的省份之一，让城市与乡村和谐自然、文化相融建立一种平衡、和谐，让更多公共服务和基础设施向农村延伸，让城市摆脱拥挤不堪，只见水泥森林，忽视城市的发展和都市病，浙江人在探索，全球仅仅50多个世博会"最佳城市实践区"案例，浙江占了3个。

8 机遇蕴涵着挑战，增强主动意识、协同意识、接机意识，全力支持世博，是处为了适应全球区域竞争的态势。

在发达国家，区域竞争早已不再是一个城市与另一城市的竞争，而是两个乃至多个城市群之间的竞争。目前全球已形成了以芝加哥中心的北美5大湖城市群、以东京为中心的日本太平洋沿岸城市群等著名的5大世界城市群。

目前，武汉都市圈和长株潭城市群、海西城市群等港珠三角城市圈和日益紧密、最具活力的城市群。未来"求同发展、优势互补、无缝对接"的长三角，将"承前启后"及联动功能，优化资源配置，带动其大为市层的新布局。

正是历届世博会对产品技术的创新竞争，对未来发展的创新模式的不断启动、激励着人们去感知和世界的无穷奥妙。探索者抢前占先。

1985年我国世界的事工作机器人，仅人从无到有走式起步人大规模进口，一找以日本人认为机器人是解决老龄化的办法，之后日本的机器人设计、制造迅速超过了美国。

翻开世博会的历史，我们回望发现，参与企业通过企业化之路，科技与创新的全面展示、学习吸纳，能促进企业核心竞争力的全面展开。

自1933年芝加哥举世博会首次设立企业馆以来，众多参与世博会展览最新工业成果之后，也收获了巨大商机和持久的动力。

10 "我们准备好了！"
因为我们深知，家门口的这场盛会是浙江提

升文明素质、展示文化大省、礼仪之邦文明底蕴的机遇。

交流被称为"世博会场所存在的价值"。人性深处藏着一种情感共鸣的激情，信息时代，不再有发达的传播技术，但人们仍然要去亲身感受现场的气氛，体验共鸣的激情。

面对这场多元文化的交流，我们需要的是包容、平等，希望在上海世博会出现这么一种倾向：美国馆、德国馆、法国馆和日本馆呢众得得越满，而一些小国家（地区）的展馆冷清。

面对这场多元文化的交流，我们需要的是文明、礼仪。世博会是一样被称为"公共外交"的平台，举手投足间，世界在打量浙江、中国人的文明素养。

面对这场多元文化的交流，我们更需要携手志愿、奉献的时代。正如志愿者之歌为北京奥运送上一道风景——我们就用志愿者的微笑、青任、主动，都将作本届世博的成功添加翅膀。正如志愿者之歌，我们更需要的是一种年轻的爸爸妈妈们，牵上你们的手去，去看着世博园区，参加世博活动，教育可能，超过你们对自身与上个多媒体的心灵里埋下了对未来的好奇心，对外部世界的关注态度。

11 拥抱世博，拥抱机遇。
我们深知，世博会不仅仅是人类文化、科技成果展示中的大舞台，更是以展示人类文明进步的使命。
我们深知，传播、接受贯彻世博的理念才能真正让世博会的"战略性"意义开花。
成功、精彩、难忘。
我们和世界一起期待，一起努力。

7

9 "我们准备好了！"
因为我们深知，家门口的这场盛会是激励浙江人科技学习、科技积累、科技创新的机遇。科技，让世博充满魅力。普通人可足不出户，便览全球科技种种。

曾经，以电力、电话、留声机、电梯到电影、冰淇淋、无数的人类科技成果从世博会走向大众。

而今，本届世博会，主题馆顶全球最大的太阳能发电屋面、气象馆的球幕4D电影，利用环境控制技术"会呼吸"的日本馆，作为可持续建筑实验的芬兰馆……又会带作前瞻接触21世纪的未来。

创新，依现了世博的价值观。

机通蕴着挑战，同时，江苏省和上海市签订以世博契机，共同推进金融服务一体化的合作备忘录……

管哲晖代表作

三、"飘萍"面对面

访谈视频

独特的新闻路："我自己选择去当一个农村记者"

"小飘萍"：您高中毕业时为什么选择读新闻专业呢？

管哲晖：当年高考填报志愿时，我填了两个专业，一个新闻，一个法律。因为这两个行业在我的认知中，对社会有贡献，能推动社会发展。

我中学的时候政治学得特别好。我是杭州高级中学毕业的，我中学的时候就在广播台给同学们讲时事，所以可能跟我的这个爱好有关系。我大学以前会读大量的社科方面的书，也会看《人民日报》《光明日报》《浙江日报》等各类报纸。

"小飘萍"：你1995年大学毕业到浙江日报社工作，为什么选择了去农村部当跑线记者？

管哲晖：我一直在城市里长大，但我知道中国的问题首先是"三农"问题，农村很广阔，所以就主动报名去农村部。当时浙江日报的农村部很强，它在改革开放初期发表的报道，对浙江的乡镇企业发展作了相当大的贡献，所以我很愿意去。

"小飘萍"：在我们的理解中，您刚入行时应该是新闻业最为繁荣的时期，您怎么看记者这个职业？

管哲晖：就像我前面所说的，我之所以选择这个专业，是因为觉得记者是能够推动社会进步的，这一点到现在也没什么变化。

我记得当时读书的时候,我们读了穆青写的关于焦裕禄的书,还有很多新华社老记者的书,这些书、这些文字一直激励着我们。像我们《浙江日报》当时做的一篇报道,是关于全国有名的改革者步鑫生的,关于推动城市的改革、企业的改革的例子是很多的。

对于从业门槛低这个问题,我们原来的总编辑说过一句话:你中学毕业就可以当一个记者,这是毫无疑问的,只要你这个人脑瓜子够灵,你会写、会问问题就可以了。

但是随着职业的发展,你最终还是要选一个方向,要往专业发展。比如说我以前一直专攻经济报道,我写着写着就碰到问题了,因为不能老写一些自己知道的浅层的东西。我写一个经济方面的报道,会去阅读大量的书,但实际上写出来的报道跟经济之间还是隔了一层窗户纸,没捅破。

为了把经济问题弄懂,我自费报考了浙江大学金融学的研究生班。我通过上经济学、金融学的课,弄懂了基本原理,就"捅破"了这层窗户纸。你对很多社会现象看得清楚了,那写稿子也就有底了。

所以一个记者,要经历一个成为专业记者的过程。做记者入门的门槛可能不高,但要把稿子写好并不容易。只有你对这个领域很有研究,你写出的文章才是深刻的,你才能抓到问题的实质,你做的报道才会产生实质性的作用。否则的话,你为什么会觉得这个行业没专业性了?就是因为你写的报道轻飘飘的,没什么作用。

"小飘萍":您早期在农村部做经济报道,有没有做防台抗汛一类的突发新闻报道的经历,有没有什么让您印象特别深刻的?

管哲晖:做新闻报道要去现场。我们浙江台风洪水多,我做了大概七八年的一线防汛记者,每次都是往一线跑,前期是发现场新闻,后面几年就是写大通讯。记得我工作第一个月,就碰上了洪水,我做防灾报道的时候就睡在办公室,睡在一张像乒乓球桌那么大的会议桌上。

有一天一大早,我们在办公室突然接到电话,洪水把余杭西险大塘冲出了一个大缺口!这个地方如果垮了,水就直接冲到杭州城西了,它可以说是杭州最后一道防线。武警机动支队正在那里抢救,我和一位当时的兰州大学新闻系的实习生,加上我们农村部的一个司机,开着车就往那里赶。快到城西那边,下面就都是水了,我们想尽办法冲过去,来到西险大塘。我们目睹武警指战员跳到水里去堵这个口子,岸上则是沙包接力……我们当天就写一个通讯,次日在头版刊发。

还有一次是2008年汶川地震的时候,我是第三波去的。我们找到陆军航空兵部队，那天晚上就睡在他们的军用帐篷里面。当时也很担心会不会再地震，但是更担心的是我明天到青川能不能采访到什么。

到了青川下面三省交界处的一个镇，他们带我们去看灾民聚居的地方（一个建筑老板的自建楼房），我正在说呢："只有这个房子没倒。"然后突然觉得摇起来了，大家都往外跑，我还没反应过来，有人就把我拖出去了。记者在突发事件报道中会经常遇到这样的危险。

做"拼命三郎"：记者有获得感，就不会觉得累

"小飘萍"：现在不少年轻人入行后又觉得做记者累，做记者"卷"，还是当领导好，您是怎么看待这件事的？

管哲晖：我记得我读大学时看过新华社老记者写的一本书，里面有句话，大意就是："永远不能当记者官"。

像我们现在做编辑，仍然离不开"认真"两字。一个稿子，从与记者定选题开始，到谈思路，都得认真探讨。有的稿子架构是对的，可里面每个字你都得改，甚至要改一百多个地方。这些工作还是要做的，不能说当官了啊（实际上也不是个官），就说"你去弄"，我觉得我还是要做得更加具体一点。真的要把一件事情做好，一定要全程把关，把控质量的责任是在自己身上。

"小飘萍"：做新闻工作，可能在很多重要的节假日都没有休息，您的家人会不会对您有一些小小的怨言呢？

管哲晖：不会，加班很正常，我的家人也很理解我。你们以后不管是当记者还是从事什么行业的工作，肯定也会遇到加班的情况。

那时候是这样，杭州的夏天很热，其实杭州人夏天都盼着台风来，因为台风来了会下雨。但对于我来说，台风一来就要到梅花碑去。那时候省防汛指挥部就在梅花碑。我当防汛记者的时候确实是没有休息日。

新冠疫情刚刚发生的时候，大家都心里没底，省委要求我们配合督查组从杭州出发到全省各地去采访。我们派的记者也出去了。记者出去了，你怎么可能休息呢？肯定想怎么给他们策划好，给他们找好角度。我先帮他们找"点"，就是让他们能够去采到更好的料，写出更好的稿子。

后来时任省委主要领导就在报纸上对相关报道做了批示。当时我负责的政治新闻部在同一天被批示了两个稿子，这个记者也很有成就感，他就不会觉得累。你要帮助记者找到成就感，你自己要投入，所以这个节假日加班就不是问题。

当然了，我们鼓励记者尽量节假日正常休息。记者的生活是可以调节的，比如

说这个双休日你去干活，下星期一自己调节一下也不要紧。

从记者到编辑：对每一个作品负责

"小飘萍"：您在刚刚做记者的时候，有没有出过一些小差错？

管哲晖：出差错一定会有的，但是出差错以后，我对自己很严格。我对自己单位的记者也非常严格。

我记得我在新华社实习的时候，有一次写一个通稿，讲到舟山群岛是中国的第一大群岛。当时好像谁给我看了一个材料，我就把它写成了第三大岛，这如果发出去就出差错了。带我的老记者说，你这就变成犯政治性错误了。这是很严重的，对我来说是不可接受的，记者不能出这种差错。

新闻作品一旦传播出去，造成的影响是非常广泛的。所以现在我要是看到的作品出错，我是很生气的，会很严厉地批评，希望他们不要出差错。有的人是因为不上心而造成事实性差错。真实是新闻的第一原则，这个教训我就是从那个差错中得到的。

那位老记者当时没有接着往下批评我，我当时还是个实习生呢，但我很自责。如果你觉得这是很大一件事情的时候，你自己心里会很难过。

我还记得当时我进报社的时候，一位新华社来的副总编跟我们讲，他有一次写了个稿子出错了，领导把他找去，说："你脸上有个东西好像很脏啊，有个痦子。"他就擦了几下，然后去照镜子，说："没有啊"。"你再看看"。他又狠狠擦了擦脸。领导说："你那么在意脸上有一个脏的东西，你的稿子写错，你会不会那么在意呢？"每个人交稿的时候，一定要非常认真，像自己脸上有一个脏的东西一样，我现在做编辑，也是这样跟记者讲的。

改革的探路者：迎接挑战，也要坚守定位

"小飘萍"：在 2016 年，您的工作从传统报纸转向了浙江新闻App，当时为什么会做这样一个决定？

管哲晖：轮不到我个人决定，是工作安排，也是媒体融合过程中许多曾经的传统媒体人必然要碰的。浙报集团媒体转型比较早，我们比较早就开发了浙江新闻客户端。从 2016 年开始三端融合（浙江日报、浙江在线、浙江新闻客户端）在集团党委领导下，我们重新打造了一个浙江新闻客户端。我记得当时的社长讲过，大家都是探路的。

那时候全国搞"中央厨房"的还很少。浙报集团搞这个"中央厨房"，投了有一

个多亿，全国各地都来参观。

后来整个媒体行业都转型了，媒体融合、改革已经停不下来了，现在不少地方都跑在我们前面了。但是说到底，我们首先要很主动地去适应。

"小飘萍"：您觉得当时在最初的三端融合改革工作中面临的最大的困难是什么？

管哲晖：第一，是一个观念和适应的问题，改革前，报纸和客户端都是各管各的。当时负责浙江新闻客户端的是浙报集团数字采编中心，有一拨人从报纸被单独抽出来去做客户端的记者、编辑，集团各家媒体和客户端实际是分开的。2016 年的三端融合后，《浙江日报》的记者就是客户端的记者，大家是一体的，从选题策划开始就应当是一体化的，因为读者已经开始转到移动端了，读者在哪里，我们的战场就要转移到哪里，这就是一个观念的转变问题。

第二，当时还有一定的风险，就是融合的时候会不会出差错。因为各个以前的传统纸媒部门向客户端供稿，弄错了怎么办？所以我接手之后，这个过渡衔接的环节要弄好，特别难，我当时想了很多办法。这一个月的时间我几乎没睡好觉，包括我们这里很多技术部门、数字编辑部门的同志也是这样。当时大家有什么问题都来问我，因为大家以前从来没有接触过。

后来，浙报集团在省委宣传部的领导下，再次"三端合一"（浙江新闻、天目新闻、小时新闻）成为"潮新闻"平台。我想它最起码的一点就是：原来要花三笔钱，投入三队人马；现在就是花一笔钱，组成一支队伍，集中力量去攻克难关，打开市场。

但是一个客户端想成功要想很多办法，单纯靠写稿子是不行的。它更多还是要靠一个生态，把大家吸引进来，而且让用户觉得这个客户端是有用的，经常会来瞅瞅，那就有价值了。新媒体时代，党媒的传播力要看日活量，日活量肯定要超出一百万、二百万、三百万，才能有市场价值。

"小飘萍"：您刚刚提到党媒的日活量，想获得更多的用户，党媒是否也要追热点？

管哲晖：首先更正一点，不是简单的追，而是要能引领。

主要还是你有没有金刚钻，能不能揽这个瓷器活。

你要去察觉社会热点，首先，你的思想和笔力有没有达到一定水平？现在往往是你想去碰热点，又没这个能力，对不对？或者有的人不去现场，就在家里编；有人去现场，没思路也采访不到；或者采访到了，你写不写得好，写得是否滴水不漏，都是对我们新闻从业人员的考验。你只有达到了这样的高度，才能写出一篇雄文来。热点跟流量关系的背后是一个新闻从业人员的素质问题。

"小飘萍"：近年来您参与策划了不少像庆祝建党百年这样的重大主题报道，能与我们谈一谈细节吗？

管哲晖：说起庆祝建党百年重大主题报道的策划，我记得当时春节刚过，新冠疫情还很严重。我们社长提出来，习近平总书记鼓励浙江要走在前列，他说这个报道我们也要走在前列，那么干脆提前一年准备。

我们从建党一百周年主题报道的切入角度开始讨论。第一，我们要有全国影响力；第二，我们要找代表中国共产党的精神高地，比如南湖、井冈山、延安……还有后来建党百年时公布的代表中国共产党精神的那些地方。我们那时候没看到公布结果，于是根据以往的经验去判断。同时我们也选择跟当地的省媒合作，一起扩大影响。

我觉得这组报道比较成功的主要原因是策划、执行得比较早。因为到第二年全国各地的媒体都去了这些地方。我们去井冈山的时候，人还少呢。去得早的话，人家就有空来接待你，会很仔细地跟你讲事情，采访的效果是不一样的。同时，我们集团从社长、总编到每位党委领导都亲自带队前往外地采访，这也为采写的深化提供了坚实的基础。

"小飘萍"：许多人认为新闻策划违背了新闻的真实性，您理解的"策划"是什么呢？

管哲晖：新闻报道其实本身要有思想，你得跟记者讲清楚主题是什么，想表达什么，包括要组织好一些新闻配件，包括同步新媒体报道和相关产品，这些都需要策划。

你到任何一个单位都是一样的，做事情都要有安排。可不能说新闻就是不要策划，直接去现场就好了。况且它是一个主题报道，哪怕是调查性报道，它也需要策划。如果没头没脑地奔去，你能挖得出来？不可能。

好的策划，一个是看你采访的主题到底有没有意思，第二个就是切入角度有没有亮点。因为很可能所有人都要去报道这个，那么你的亮点在哪里？就是因为我们早去了一年。提前策划，一招制胜，你就跑在人家前面。

不忘初心：起点亦是终点

"小飘萍"：您在这 20 多年获得了非常多的奖项，2019 年的时候获得了第十三届浙江飘萍奖，能跟我们描述一下当时获奖的心情吗？

管哲晖：可能是到了一定年纪的缘故，获浙江飘萍奖我没有特别激动。但我觉得这是对自己新闻工作的一个总结。同时我觉得，省里特别是县（市、区）有很多新闻工作者，他们在地方上接触的采访对象少、采访范围比我们小，但他们的新闻工作也很出色，还有很多人更值得获这个奖。

"小飘萍"：在新闻工作中什么是您看重的，让您觉得您作为一个新闻人，很骄傲？

管哲晖：有句话叫"不忘初心"，我希望自己的工作还是对社会有一点点推动作用，如果能起到这样的作用，这可能就找到本源了。

我记得在杭州分社的时候，以前写步鑫生的周荣新老师带我们写了一个报道，叫《我的企业，我的家》，讲传化集团的和谐劳动关系。当时发生了十多起"富士康跳楼事件"，尖锐的劳资矛盾，引起社会高度关注。周老师敏锐地发现，在传化集团，企业和员工之间几十年来和谐相处，员工和企业同成长。

在时任总编辑的支持下，周老师冒着酷暑带我们分社去做了一个深度报道，在浙报头版发表，紧接着又刊发相关连续报道。时任国家副主席的习近平同志在《浙江日报》上批示，"构建和谐劳动关系，是建设和谐社会的重要方面"，并指示组织力量开展调研。周老师和我两次参加了调研座谈。全国构建和谐劳动关系先进表彰暨经验交流会在京举行，传化集团作为先进典型代表在会上作了经验交流。习近平同志在大会上发表重要讲话，再次充分肯定了传化集团构建和谐劳动关系的做法和经验。全国各地都来学习传化，报道还获得了中国新闻奖通讯类二等奖。这个报道我就觉得做得很有意义。

2005年，经过报社分管副总编具体细致的指导和修改，时任经济新闻部主任带着我们两位副主任，一起采写的本报编辑部文章《"腾笼换鸟"促发展》，第一次公开阐释并喊响了关于"腾笼换鸟、凤凰涅槃"的形象比喻及其蕴含的发展理念，得到时任省委主要领导充分肯定，并在省内外产生了较大社会反响。

当时我还写过《杭州，三城合璧新愿景》，时任总编辑在飞机上帮我修改的这个稿件，浙报头版头条转内版要闻整版刊发。稿件刊发时，正值杭州召开市委全会并将通过关于推进学习型、创新型、生态型城市建设的相关文件，这也成为当时市委工作的一个重要推手，时任杭州市委书记充分肯定。我的体会是，作为地方分社社长，要密切注意地方主要领导说了哪些"新话"，这些"新话"中哪些又是事关地方发展大局和未来的。如果你经常有这样的稿子，或者说有一段时间出了这样的稿子，你就会觉得工作很有意义。

"小飘萍"：在浙江飘萍奖的颁奖典礼上，您强调了"四力"的重要性。您是怎么理解"四力"、增强自己的"四力"的呢？

管哲晖：脚力、眼力、脑力、笔力是记者的基本功，是立场观点，也是方法。对于新闻工作者来说，脚力是第一位的。要千方百计到事实发生的现场去。眼力是指，新闻记者要独具慧眼，要有新闻敏感性。脑力是指，你得沉下心来，去看书、看报，思考。人的精力有限，活动范围也有限，有很多在生活中经历不到的东西，在书里是有的，在报纸上是有的。还有政治学习也不能放松。你还得琢磨，为什么人家稿子写得好，不动笔墨不读书。

"小飘萍"：年轻记者该如何训练"笔头"功夫？

管哲晖：学校里的文字训练和思维训练是一个初步的阶段，后期到社会上要靠自己去学习和实践，就是自己主动训练自己。我们那时候把作品集摆在边上，要翻烂为止。不一定说是一定要用这样的方式，你肯定可以寻找更多的方式去提高自己的写作水平。在深入采访的基础上，一个是写，一个是想，写跟想要结合起来，实际上，我们经常说的是边采边动脑子，根据采访的进程，不断地调整。

"小飘萍"：您想对刚入行的年轻记者说什么？

管哲晖：不忘初心。你热爱这个行业，再去从事这个行业，那你就会克服很多困难。在一个单位里，碰到的不光是采访、写稿的困难，还会遇到各种各样的困难，比如不同的业务、紧急的任务、行业的飞速变化等等。如果你"热爱"的话，很多困难都可以克服。

四、"小飘萍"心得

从入行到现在，管哲晖老师长年在浙报集团深耕。他见证了中国报业的辉煌腾飞，在两个世纪交汇之际，不断发展个人的新闻专业素养，行走在一线，产出了许多高口碑、高质量的作品。他也见证了新闻业的转型，在浙报媒体融合中，深度参与了浙江新闻客户端和天目新闻客户端建设。从机构新闻业繁荣的时代到现在媒体格局深刻变革的时代，新闻工作者应如何应对变化？既然每个人都可以当记者，那么花上几年时间学新闻是否显得很"不识时务"？为了解惑，我们小组花费了大量时间去了解管老师，反复琢磨采访问题，希望可以从他的经历中寻找到答案。

自从选择了新闻这条路，我们不断地经历着自我怀疑和外界的否定。外界人士对新闻行业的叹息总是冲击着我们对新闻行业的认知，入行就意味着只能保证温饱的话语也不断在耳边回响。这样的环境提供给新闻学子的并不是健康成长的养料。

要让真正有新闻理想的人走好新闻的路，让新闻学子燃起对新闻业的信心，很重要的一个方式就是直接和新闻从业者对话，理解、接近新闻从业者的真实工作内容和现实社会环境。这次采访就是最好的机会。我们不仅在过程中提高了采访、拍摄与内容制作的水平，也通过与作为浙江飘萍奖获得者的管老师的对话一览新闻从业精英眼中的风光。他的目光，也将成为我们眺望新闻业的一个窗口。

管老师的作品，只需深读一篇，就能看出他的涉猎之广，更能感受到他平日对于全国各地时事与城市变革动态的密切关注。他的文章中有大格局、大发展，也有小社区、小人物。见面前，我们只能看到他作为记者、作为编辑的能力，而无法感知其性情。然而，在向我们分享个人经历时，他真诚、热情、知无不言，将采访和策划工作中的细节一一道来。这时，他不仅仅是一位业务精湛的记者、担当大任的编辑，更是一位乐于引导的前辈与师者。

"记者可能入门的门槛很低，你要把它做好很难。"管老师告诉我们，从"记者"到"专业记者"，是一个必要的过程。做新闻的目的不是机械地完成自己的工作，而是要找有价值的选题，做关爱人、关爱社会的报道，到一线中去深挖事件背后的规律及本质，用自己辩证的思维和坚定的立场谋篇布局，让报道具有感染力、生命力。做记者并不仅是对某一事件进行重现，而是要葆有一份职业操守，要写事实、深挖真相，对自己的文字、自己的作品负责，为社会的发展鼓与呼。

从他最初在农村部记者到以"探路者"的身份打造浙江新闻客户端，从他的写稿经历到改革过程中的艰辛探索，再到对现在新闻业的看法……在交谈中我们才明白，他一步步走到现在，靠的是他对新闻行业始终如一的热爱和初心。因为他想让自己的工作对社会起到推动作用，哪怕是一点点。连连加班的春节、年复一年没有休息日的防汛工作、为了搞懂经济问题重返校园补课，都成为他所热爱的事业的一部分。这不仅仅让我们感受到了一位领导者的责任感，更让我们看到了一位老记者对新闻行业的使命感。

"热爱"可以克服各种困难，媒体记者如此，任何行业都是如此。他是这样对我们说的。这些话语、这些经历、这次真实的体验都将成为我们在新闻道路上前行的力量。希望我们可以和管老师一样，带着热爱描摹社会，让新闻充满温度与力量。

五、人物评析

"心中有使命，笔下有力量。"这句话放在《浙江日报》记者管哲晖身上再恰当不过。践行"四力"要求，弘扬"走转改"精神，当好时代鼓手，推动社会发展，是管哲晖选择新闻职业的初心。他在从业之初主动要求去农村部做跑线记者，那是因为他深知时代脉搏最强有力的跳动从何而来，这是一个优秀记者的感知力。从最基层中来，了解民众方能了解我们所处的社会和世界，看清大势，因势而行，这是主流媒体记者的能力和担当。管哲晖 30 年的新闻之路，诠释了一个优秀记者是如何练就的——牢记使命和责任、保持敏感、保持学习、践行"四力"，笔耕不辍，方能为我们的新闻事业贡献力量。

评析人

傅亦军，浙江省新闻工作者协会秘书长、高级编辑

金　波

话筒生涯时常让我魂牵梦萦

金波，第十三届浙江飘萍奖获得者

🎤 一、人物介绍

　　金波，中共党员，高级编辑，杭州文化广播电视集团编委会委员、杭州人民广播电台新闻综合频率总监。他曾获浙江省广播影视系统先进工作者、第六届杭州"十大杰出青年"、青年五四奖章等荣誉，享受杭州市政府特殊津贴。第十三届浙江飘萍奖获得者。创办的评论节目《连线快评》获中国新闻奖一等奖"新闻名专栏"，多部新闻作品获中国广播影视大奖（广播消息大奖）等奖项。

二、人物代表作

（一）代表作信息

《连线快评》是由杭州人民广播电台新闻综合频率（FM89）在 2010 年推出的原创评论节目。该节目邀请杭城和北京、上海等地的资深媒体人、公务员、专业领域的专家、学者等，组建"评论员专家智库"，针对最新热点事件，通过电话连线特约评论员，力求在第一时间对热点新闻进行评论。尼尔森调查显示，节目开播半年，《连线快评》就稳居在杭同时段节目收听率第二位、同时段评论类节目收听率和满意度第一位，取得了良好的社会效益。该节目先后获评杭州广播电视优秀栏（节）目、杭州名专栏、浙江省新闻名专栏、浙江省广播电视新闻奖（新闻专栏）一等奖等荣誉，2014 年获评第 24 届中国新闻奖"新闻名专栏"，是杭州新闻史上第一个摘取中国新闻奖一等奖的节目。

（二）创作背景

《连线快评》创办于 2010 年。金波认为，舆论需要引导，观点需要阐述，思想需要交流。面对层出不穷的社会热点，如果作为主流媒体的杭州之声还只是滚动式地播报海量的新闻资讯，那么它就很难占领主流舆论阵地，很难发挥主流媒体的应尽职责。

金波觉得，这个时代稀缺的不是资讯，而是观点，观点才是一个电台的灵魂，而没有观点的电台则是缺乏厚度与宽度的。也正因此，他萌生了打造一档"快速发声、短小精悍、新颖有力、动心动情"的广播评论节目的想法，他希望通过这档节目对热点新闻事件进行反思和解读，针砭时弊、激浊扬清，以此来强化主流舆论的引导力。于是，《连线快评》应运而生。

三、"飘萍"面对面

"小飘萍"：20 世纪 90 年代对于新闻业来说是一个非常有意思的年代，有一批非科班出身的人涌入新闻行业，您怎么看这个现象？

访谈视频

金波：20 世纪 90 年代对我们新闻从业人员来说，是一段激情燃烧的岁月，不少媒体从业人员，尤其是广电的媒体从业人员中，有一定比例的人是活跃在各行各业的一些有识之士，他们对人生有追求，对事业有理想，尤其是在新闻传媒方面有抱负。当时无论是央视还是省台、地方台，

媒体开门纳贤，于是很多各行各业的"追梦者"涌进了传媒大门。

当时在我们台里面，除了有一些同事是浙传（浙江传媒学院）毕业分配来的，不少都是通过社会招聘的。我记得当时的浙江经济台、浙江文艺台、杭州西湖之声和杭州的新闻台都是在90年代初的时候打开大门招聘。通过应聘被选中的，有不少是这样一些非科班出身的人员，后来他们都非常活跃，成为在当时非常具有知名度，且深受听众、观众喜欢的优秀节目主持人。

我想，他们成功的原因在于有丰富的社会经验和阅历，坚实的知识基础，再加上自己后天的一些努力，尤其是对这个行业有梦想和追求，热爱传媒事业。

"小飘萍"：您进入广播行业时有哪些想法？

金波：广播的魅力，在于声音的穿透力与情感的共鸣。我不是学相关专业出身的，走进这个大门完全是出于自己对这份工作的热爱和珍惜，所以自己非常刻苦努力。我又是南方人，地道的浙江人，从吐字归音方面来讲，毛病很多，在科班老师面前那是班门弄斧。但是那个年代真的是时势造英雄的年代，当时的听众已经不满足于字正腔圆的播音腔了，他们更渴望出现一些具有自身风格的、有思辨色彩的、活泼有趣的主持人。

当时我们在莫干山路86号，我们那栋小楼有杭州人民广播电台新闻台，还有西湖之声，我们这两个台都在86号小楼里，几乎每天都会有听众过来给自己喜欢的主持人送鲜花。这样一个时代，文化是多元化的，听众对主持人的需求是多元化的，造就了那个年代优秀主持人的脱颖而出。

"小飘萍"：您当时给自己定位的风格是什么？

金波：说来惭愧，其实我没什么特别的风格。当时我们台里男主持人相对少一点，女主持人很多，我在台里面有点像万金油，做过娱乐类的节目，做过社交服务类的节目，也播过新闻，这造就了我综合性的工作能力，所以说我当时不是最有特色的主持人，但一定是复合型的主持人。

讲到那段激情岁月，我还做过你们可能难以想象的节目，就是后半夜做通宵节目，我经常晚上12点上班，上到第二天早上6点。我很热爱这项工作，因为觉得不管什么时间段，只要能够让我发出声音，能够面对话筒说话，能够向听众表达自己，我就觉得很满足。我做通宵类节目，虽然第二天早晨睡眼惺忪，但是大脑依然是非常兴奋的。

多类型节目的主持也拓宽了我的视野和思路，这也为我后来带领团队创办《连线快评》打下良好的基础。

"小飘萍"：您当年的夜话节目是什么样的？

金波：这类伴随性的节目，就是说睡不着怎么办，或者说心理上有倾诉欲望的听众想和你交流，我们会开通听众热线。当年大量的夜话类节目应运而生，大受欢迎。这就是最早的和受众互动的媒体平台。

我当时负责的节目是《今夜不设防》，主要是通过热线电话和听众交流。听众很多来自杭嘉湖平原、宁绍平原，有不少是在单位值班的，包括保安工人、护士，还有大学生。

我印象比较深刻的是有一个女孩，这个女孩估计是在厂里工作的，那段时间因为失恋而产生情感上的困扰，打电话过来，说在西湖边逛，说对人生、对这个世界不再留恋。我当时听了就觉得特别担心，所以我那次电话接了大半个小时，一直在电话里开导她，导致后面很多听众电话打不进来，但是那个电话非常成功，第二天她专门送了一束鲜花到台里来，对我们表达感谢。

过了那晚，她觉得太阳还是很明媚的，人生还是很美好的。作为一名主持人，能够帮助一个需要帮助的人，这是有价值的，这也是我喜欢做夜话节目的一个原因。

"小飘萍"：您觉得话筒里面的世界是怎样的？

金波：我只要打开话筒，把推子一推，就觉得时间过得很快，这种感觉特别棒。

1997年，我在中央人民广播电台《今晚八点半》栏目组见习，这是一档夜间的文艺类节目，跟着老师一起上节目时特别有敬畏之心，因为我的声音来自首都北京，全国各地都能听到我的声音，这种自豪感是非常强烈的。

见习结束回到地方台工作，我就特别珍惜自己的岗位，每一次打开话筒，我都有一种很神圣的使命感，我觉得这个话筒是我的生命。尽管后来因为工作关系没有太多的时间和机会再去接触话筒了，但是那段青春岁月，那段话筒生涯时常让我魂牵梦萦。

"小飘萍"：您对我们这些即将进入传媒行业的"小白"有什么寄语？

金波：择一事，终一生。当你把一件事做到极致，那么这件事就有了它的价值。人生当中有很多的机会需要我们去把握，希望大家能够把握好当下，珍惜每一次机会。我相信你一定会成为一个对社会有用的人。

四、"小飘萍"心得

耕耘、躬行、认真、谦和，以及对专业的挚爱，是我们在与金波老师交流过程中感受到的他身上最可贵的品质。采访团队最初与金波老师进行沟通时，金波老师

"小飘萍"与金波老师在直播间

温和、细致的态度给我们留下了非常深刻的印象。他低沉浑厚且富有磁性的嗓音打动了我们每个人。在预采访阶段，金波老师始终以耐心、认真的态度对待我们，不厌其烦地与我们讨论采访拍摄的各种细节。在正式采访的过程中，金波老师对我们询问的每一个问题都予以详细的回答，让我们深受感动。

金波老师非科班出身，但却因为热爱选择了广播新闻事业，成了一名主持人，而这份传媒工作一干就是 30 多年。30多年间他始终保持新闻热情与新闻敏感度，策划创办了《连线快评》，积极推动杭州人民广播电台新闻综合频率（FM89）拥抱媒介融合的新机遇，实现全媒体多平台传播。

金波老师从一个主持人，到管理者，作为传媒老兵，他既是坚守者，也是奔跑者，他对热爱的事业的那份执着与追求，为我们每一个人带来力量。

"小飘萍"与金波老师在杭州文化广播电视集团合影留念

五、人物评析

"热爱可抵岁月漫长",这句话在媒体人金波身上得到了最好印证。他非科班出身,却以对传媒事业的深厚热爱和不懈努力成就自我,凭借独特的主持风格和贴近生活的节目内容成为了 20 世纪 90 年代多元化主持风格的代表,赢得了听众的心;创办《连线快评》精准把握时代脉搏,在广播领域树立典范。从主持人到管理者,他始终不变的是对人民的关怀和对新闻使命的坚守。回顾金波的话筒生涯,他以卓越的新闻才能和创新精神推动广播事业的发展,以人文情怀和社会责任感践行着"社会与人民利益为先、从群众中来到群众中去"的原则纲领,也以自身经历激励着后来者,金波的故事是对新闻理想的诗意实践,证明热爱与坚持能跨越专业界限,成就非凡事业。

☐ 评析人

沈爱国,浙大城市学院新闻与传播学院院长、教授、博士生导师

罗钟炉
始终以工匠精神做新闻

罗钟炉，第六届浙江飘萍奖获得者

一、人物介绍

　　罗钟炉，高级记者，金华市新闻传媒中心公共频道主任、金华市广播电视学会秘书长，被聘任浙江师范大学戏剧与影视专业学位研究生实践导师、浙江传媒学院硕士研究生业界导师。获 2013 年度全国广播电视民生新闻栏目十大品牌推动力人物、浙江省宣传文化系统"五个一批"人才、金华市拔尖人才等荣誉，第六届浙江飘萍奖获得者。参与创办金华地区第一档大型民生新闻栏目《百姓零距离》，大型全媒体问政栏目《向人民报告》；其主创或参与采写的 96 件新闻作品荣获省级奖项，其中 21 件作品获浙江新闻奖一等奖，《英雄孟祥斌》获中国新闻奖三等奖。

二、人物代表作

（一）代表作信息

文字通讯：《"替父亲方志敏说一声'感谢'"——方梅与父亲的恩人后代喜相逢》
首发时间： 2021 年 8 月 5 日
首发平台：《金华广播电视报》

（二）创作背景

2021 年 4 月，金华广播电视总台启动"庆祝建党 100 周年 百场烈士故事会"活动。在多年坚持为烈士寻亲的叶庆华女士的牵线下，记者联系上了方志敏烈士唯一健在的女儿、时年 90 岁高龄的方梅老人。考虑到方梅行动不方便，在该活动的启动仪式上，记者通过视频连线的方式邀请她给金华市站前小学的师生讲述父亲方志敏烈士的故事。

方梅回忆说，父亲在被关押期间，曾得到几个浙江人的帮助和关照，尤其对金华有着一份特殊的感情。1935 年初，方志敏被捕后，被关押在江西南昌绥靖公署军法处看守所。担任看守所代理所长的凌凤梧，恰好是金华市金东区孝顺人。在凌凤梧的关照下，方志敏昼夜伏案，写下了 10 多万字的文稿，其中就有《可爱的中国》《清贫》等耳熟能详的名篇。在看守所文书高家骏等人的帮助下，这些文稿前后四次被秘密从看守所带出来，最终使这些不朽之作为世人传颂。方梅一直有个愿望，希望有生之年能见一见当年在狱中关心帮助过父亲的恩人和他们的后代，替父亲向恩人的后代当面说声"感谢"。记者前后花了 3 个多月时间采写这篇通讯，最终在建党百年之际帮烈士后人完成了心愿。

（三）代表作

1935 年 8 月 6 日，方志敏烈士被国民党反动派秘密杀害，时年 36 岁。86 年过去了，方志敏女儿方梅一直有个愿望，希望有生之年能见一见当年在狱中关心帮助过父亲的恩人和他们的后代。方梅说，1935 年 1 月父亲被停后，被关押在南昌绥靖公署下属看守所。看守所代理所长凌凤梧对父亲在狱中的生活非常关照，看守所文书高家骏和他的女友还帮父亲带出了一些书稿和书信，从而让后人能看到父亲的不朽名篇。有机会她一定要当面表示感谢。

经过金华和绍兴两地媒体半个多月的寻找，86 年前在狱中帮助过方志敏的看守所代理所长凌凤梧和文书高家骏的后代已全部找到。

"替父亲方志敏说一声'感谢'"
——方梅与父亲的恩人后代喜相逢（节选）

············

替父亲说一声"感谢"

7月15日下午2点多钟，凌凤梧和高兴光父子俩一起来到方梅的家。

"终于见到你们了！找你们找得好苦啊！我要替我父亲说一声'谢谢'！感谢你的父亲凌凤梧在狱中对我父亲方方面面的关照。感谢你爷爷高家骏帮我父亲带出狱中的书稿和书信。"

方梅的手紧紧握住两位恩人后代的手，长时间不愿松开。三个人手牵手，一起在客厅坐下。客厅的墙上，挂着方志敏烈士牺牲时的照片，还有方志敏与妻子缪敏的拼接合影照。在茶几上，摆放着方志敏烈士遗著《可爱的中国》的相框。照片上这本《可爱的中国》，就是母亲缪敏1953年赠送给方梅的礼物，方梅一直珍藏至今。

"我父亲的英语非常好，凌凤梧的英语也不错。所以，父亲与凌凤梧在狱中都是用英文交谈的。这样他们说什么，别人都听不懂。"与凌凤梧交谈，方梅有说不完的话。

"我父亲被方志敏的大义凛然所感动，更敬仰他的革命乐观主义精神。他私下为方志敏购买蚊帐、纸笔等，还想方设法把方志敏脚上十几斤重的脚镣换成四斤左右的轻镣。父亲说还曾想到过为方志敏越狱，但是没有成功。"对于方志敏与凌凤梧两人之间的感情，凌剑鸣小时候不知听父亲讲了多少遍，他甚至还能说出两人交往的许多细节。

"我父亲牺牲是迟早的事，但是因为有凌凤梧的照顾和高家骏的陪伴，我父亲在生命最后一段时光并不寂寞，而且还写下了13万多字的不朽遗作。"方梅说，这些都是他们一家人之所以那么多年来一直想感谢凌凤梧和高家骏这两位恩人的原因。

1957年，在南昌下沙窝一个工地上发现了一具戴脚镣的遗骨。为了确认是否是方志敏遗骸，当时在东阳教书的凌凤梧被接到南昌进行辨认。凌凤梧看到这副脚镣后非常激动，所有往事涌上心头。经过多方佐证，最终确认这些遗骨就是方志敏烈士的遗骸。

母亲缪敏去世后，从1981年开始，方梅自费搜集父亲方志敏的历史资料，她先后去过金华、绍兴、江苏南京、北京以及福建等地，了解父亲生前战斗和生活过的地方。在这个过程中，方梅对父亲的认识更加立体而全面。

捡拾散落的史料，还原父亲的初心。在方志敏诞辰 100 周年之际，1999 年 8 月，方梅整理的《方志敏全传》正式出版。2006 年，方梅写的《方志敏和他的亲人们》公开发表。这两部著作，方梅在追寻中续写红色情怀，将父亲"爱国、创造、清贫、奉献"的红色精神镌刻在文字里，让红色基因薪火相传。如今，已经 89 岁高龄的方梅还在创作一本《方志敏和他的战友们》，她每天凌晨四点多就起来整理，目前已经收集了父亲几十个战友的故事。方梅希望这本书能尽早与大家见面。

兴奋之余，方梅还拿出了自己珍藏 68 年的《可爱的中国》，在凌剑鸣以及高兴光父子面前，情不自禁地大声朗诵起来：

"朋友：我相信，到那时，到处都是活跃的创造，到处都是日新月异的进步，这么光荣的一天，决不在辽远的将来，而在很近的将来。今日之中国，已如父辈们所愿！比我父亲想象得更好！"

为"可爱的中国"尽情讴歌

方梅出生于 1932 年，父亲方志敏牺牲时，方梅只有 3 岁多。方梅读的第一本书便是父亲的遗著《可爱的中国》，这本影响了几代人的经典始终指引着她前行的道路。

"我和在战争岁月中出生的兄妹分别被寄养在各处，父亲为我们分别取名松、柏、竹、梅、兰。"方梅说，她的记忆中并没有父亲的影子，但她从小就知道父亲是个了不起的人。方梅从小跟养父母生活在农村，直到 1949 年 8 月，方梅的母亲缪敏才到乡下找到方梅接到自己身边，并让方梅上了学。

1953 年，上了四年学的方梅已经能认一些字。当年 10 月 19 日，母亲缪敏把方志敏的遗著《可爱的中国》送给女儿，并在扉页上题写："梅儿，这本书是你爸爸在狱中用血泪写出来的遗言，你要反复精读，努力学习，用实际行动继承你爸未竟的事业。"落款是"妈缪敏赠于南昌 一九五三年十月十九"。落款时间明显有修改过的痕迹。方梅清楚地记得，原先母亲写的是"一九三五"，后来才改成"一九五三"。因为父亲牺牲那年是 1935 年，所以母亲缪敏对这一年的记忆刻骨铭心。她甚至在赠送女儿《可爱的中国》这本书的落款时，心里还想着 1935 年。

这本《可爱的中国》是方梅学习文化后读的第一本书，也是从这一天起，方梅开始真正了解父亲，有了一份属于自己的父爱。"很快我就被书中的内容所吸引，尽管有不少字不认得，但什么叫祖国，以及父亲对祖国深深的热爱，在我的思想里引起很大震动，得到前所未有的启示。"

"父亲牺牲时年仅 36 岁，他真正履行了'把一切献给党'的誓言，从这个角度来说，他永远是我们的榜样！今天，让我感到欣慰的是：我可以告慰父亲，您笔下'可爱的中国'我替您看见了，而且比您想象的还要好。"尽管方梅年事已高，行动也越来越迟缓，但只要有时间，她仍会坚持到各种场所，为大家讲述父亲方志敏的故事。

访谈视频

三、"飘萍"面对面

记者的坚持：被叶庆华的精神深深打动

"小飘萍"：罗老师，我们今天要跟着您去探访叶庆华，体验一天您的生活，您可以跟我们聊聊您第一次见叶庆华是什么时候吗？当时是什么情况？

罗钟炉：2007年11月30日，我们在金华的城南桥头认识。我当时是《百姓零距离》的制片主任，我在值班的时候，接到热线以后马上就安排记者第一时间赶过去，我们从接到电话到赶到，不到10分钟。叶庆华跟女儿在桥头使劲地哭，女儿说爸爸没有了，爸爸跳河里了，当时大家都不知道是怎么回事，还以为是夫妻吵架了，其实军官孟祥斌是为了救人跳下去的，叶庆华和孟祥斌的女儿孟诗妍当时才三岁多。

"小飘萍"：您这十几年一直跟叶庆华保持着一种朋友甚至是亲人的紧密联系，您是怎么想到这么多年持续不断地去跟踪报道她的？

罗钟炉：一开始我们报道她，主要是想宣传孟祥斌，想通过采访她挖掘出英雄背后一些鲜为人知的故事，因为英雄已经走了，我们只能通过她来了解。后来她讲了一个细节，2008年5月，她接了一个电话，这个电话是打到孟祥斌手机的，孟祥斌的手机一直是叶庆华在用。对方说："孟军官是不是忘记了？"叶庆华问是什么事情。对方说："他结对帮扶的两个孩子这个学期的学费还没付。"他们不知道孟祥斌牺牲了。叶庆华知道这个情况以后，马上答应把学费汇过去，她说现在是怎么样一个情况，然后问帮扶两个孩子的钱汇到哪里，她说她是孟祥斌的妻子。就这样，她接过了孟祥斌的接力棒，继续资助两个孩子。这几年，她的爱心行动从来没有停止，她又慢慢思考，怎么样为烈士寻亲。她一直在做，后来就萌发了能不能给烈士亲属牵线的想法。

"小飘萍"：这么多年你们关于叶庆华老师做过多少报道，当时是怎么会想到和她一起去做"为烈士画像""为烈士寻亲"这些专题策划报道的？

罗钟炉：孟祥斌的报道，我们从2007年11月30日开始做，一直到2008年5月9日，他被授予"舍己救人模范军官"荣誉称号，我们前前后后的报道有一百二三十篇。后来我们慢慢开始做帮烈士寻亲。叶庆华跟我商量，她说她在为烈士寻亲，那个时候已经为百来个烈士找到亲人了，我说你怎么找到的，然后她就跟我讲这些年她的故事。我说你现在做的事情很了不起。你13年坚持下来真的是不容易。

我们作为媒体人，有义务一起来推动这一善举。她有很多烈士亲属的微信，已经建立了一个网络，找到了很多人，很多烈士牺牲时只有十七八岁，家里可能没有一张照片，他们的亲属很想能留下一点影像的记录。

后来我就去联系了浙师大，他们的老师很感兴趣，但是没有更多的精力画，而且画一个肖像很复杂。凭空想象也不行，一定要当事人的兄弟姐妹或者子女留在这里的肖像拿来对照，画完以后要发给当事人看，看了以后要怎么修改，不断修改一幅画作，要花很多的精力。

"小飘萍"：这么多年接触下来，您觉得叶庆华老师身上最打动您的是哪一点？

罗钟炉：就是执着的劲，她认准了一件事情就不会变，我跟她交流的过程当中，有很多心灵碰撞，人家说你怎么一天到晚跟叶庆华在一起。我说我跟她在一起很重要的一点就是被她的这种精神所感动。每到双休日，她都去为烈士寻亲，她又没车，也不会开车，好几次我就把自己的车开去，跟着她去。有的时候不是为了采访，纯粹就是支持她。在这个过程当中，我了解到很多细节，将这些细节放进后面的采访中，人物形象就比较丰满。

从重复的题材中寻找新角度

"小飘萍"：您刚刚说的叶庆华老师为烈士寻亲，包括报道叶庆华，据我们了解，其实不仅是金华广电，还有很多媒体也都在报道。包括您自己，也反复地报道她，但是新闻要求出新、要求不重复，这两者似乎是矛盾的。我们很好奇，您是怎么从同一个人中不断地找到新鲜的点的？

罗钟炉：我们感觉到烈士寻亲这个题材确实很好，但是难度非常大，因为这么多年来国家也在做接烈士遗骸回家，媒体如果做要强调新闻性。所以我们当时就是想以烈士寻亲为主线，用整条主线贯穿全年，甚至未来的三五年。我们通过为历史画像，让青少年、大学生融入我们，形成一种大合唱。

"小飘萍"：今天我们将跟随您，再次去采访叶庆华，您准备了什么新的角度吗？

罗钟炉：我最近一直在等，孟诗妍一直心心念念考上她爸爸当年读的大学，现在叫中国人民解放军信息工程大学，叶庆华前两年带她去参观了这所学校。前两天分数下来以后，当天晚上我们就通了电话，孟诗妍考了622分，我想如果这段时间拿到了录取通知书，她们可以把爸爸孟祥斌当年的录取通知书，和孟诗妍的录取通知书放在一起，这一段跨越20年时间的情感就串联起来了。

做新闻，准备再多再早都不为过

"小飘萍"：您之前说您已经开始准备抗美援朝胜利 70 周年的新闻策划了，提前一年时间就开始准备，您不会觉得太早了吗？

罗钟炉：不早。有关抗美援朝烈士事迹的整理，我跟叶庆华提前两三年就想到了。你收集的越多，你选择的余地就越多。如果说收集来的都是一种类型的，宣传起来效果就差了。我们作为媒体人，是要去不断挖掘英雄的故事，这是对每位烈士负责，也是对每个烈士家庭负责，但是做新闻的时候我们要选择最有价值、最能够体现历史精神的一些东西。

"小飘萍"：您每一次的报道都会花费这么大的精力吗？您一般都会怎么去进行一个新闻策划的流程，能跟我们详细描述一下吗？

罗钟炉：目前我的角色和以前不一样，我现在是要策划全台的一些大的活动。对于我个人来说，我其实最喜欢每天去跑报道，不管是重复的报道，还是说不感兴趣的题材，我都会怀着一个"我今天要去见女朋友"的那种感觉，用那种心态去挖掘采访对象身上的闪光点。只有先打动自己，才能打动别人。不是有句话叫作"情人眼里出西施"吗，我们对待采访对象也是这样，同一个采访对象，今年采访跟明年采访肯定是不一样的，记者要做的就是把她最能吸引人的一面表现出来。

把握细节，才能打动人

"小飘萍"：新媒体环境下，我们观察到很多主题报道、正面宣传其实很难打动人，您能分享一下您是如何将主题报道、正面宣传做得打动人的吗？

罗钟炉：任何人，英雄也好，其他人也罢，他首先是一个平凡人。没有人天生就是英雄，他爱人民，爱祖国，都是体现在他的行动当中的。所以记者要去捕捉他在工作中的细节，捕捉到了细节，就足以触动观众的心灵。

做新闻要有工匠精神

"小飘萍"：您做了近 30 年的新闻，大部分工作似乎是一成不变的，您会感到乏味吗？您是如何保持对新闻的新鲜感的？

罗钟炉：每个新闻作品，尤其是电视的作品，往往都是遗憾的作品，因为有些东西你在采访的时候根本想不到，哪一方面好像还缺一些内容，它永远会存在，永远会不满足，所以下次拍的时候我们往往会尽量多拍，直到用完带子为止。作为一名新闻工作者，他必须具备专业精神，要不断以一种不满足的心态做新闻，报道的深度就会越来越深，让自己每天都精力充沛地投入工作。我现在最希望的是我每天能

"小飘萍"采访
罗钟炉老师

够跑在新闻的第一线，我周末的时候有点空闲，都会去做一些采访，做积累。

"小飘萍"：站在从业多年的视角，您是如何理解做新闻的？

罗钟炉：做新闻也要追求工匠精神，要做到极致，就像挖矿一样，你已经挖到没法挖了，那么先暂停，等到时机成熟继续深挖，抓到好题材。一定要这样，不能挖到一点就应付掉。我觉得新闻就是我生活的一部分，我把新闻当作一份事业、一种信仰，而不仅仅是当成一份工作。

四、"小飘萍"心得

"每个新闻作品，尤其是电视作品，都是遗憾的作品。"要"把新闻当作一份事业"，罗钟炉老师用他的亲身经历和讲述，为我们展现了一位资深新闻工作者三十年如一日的工作状态。不常有突发新闻，也没有举足轻重的人物可以采访，更平常的状态是扎根在基层，用新闻敏感和人文关怀，挖掘小人物的大故事。单单靠象牙塔里的新闻理想，撑不起30年的兢兢业业，更多的需要沉下功利心、卷起长裤脚。始终保持新鲜感，努力挖掘新闻的最大价值，来源于罗钟炉老师对新闻事业的不懈追求，这也会激励我们后辈青年在新闻道路上砥砺前行。

"小飘萍"与罗钟炉
老师合影

五、人物评析

罗钟炉老师就像自我淬炼的大工匠，炼得一手精钢。30 年的新闻一线工作，数百篇报道和大型新闻活动的组织策划，无不带着泥土、沾着露珠，浸润着八婺大地的日月光华。对历史之谜的破译、对红色文化的挖掘、对英雄人物的追寻、对烈士家属的关注，他对每一组采写都精雕细琢，不仅花费时间，而且投入情感，他的作品既有新闻的生动，更有精神的归属。知冷知热、知世知人，方得锦绣文章。尊崇、热爱、执着，才是新闻行业的大道之义，新闻记者的铁肩之魂。

评析人

郑亚楠，浙江传媒学院新闻与传播学院教授、硕士生导师

胡伯良
有追求的人才会去努力

胡伯良，第十四届浙江飘萍奖获得者

一、人物介绍

　　胡伯良，高级记者。曾任嘉兴市广播电视集团党委副书记、总编辑、副总裁，曾获浙江省宣传文化系统"五个一批"人才、嘉兴市十佳新闻工作者、嘉兴市十佳文化人才等荣誉，第十四届浙江飘萍奖获得者。曾策划设计推出了《新闻60分》《小新说事》《新闻的力量》《城事》等品牌栏目和活动，组织策划开展了《我们的大运河》《重走大运河》《寻找新地标》《五彩嘉兴行》等一系列重大主题报道和大型新闻行动。策划、主创的作品中获得省级政府奖以上奖项50多件，其中中国新闻奖二等奖1件，省级新闻奖一等奖15件。

二、人物代表作

（一）代表作信息

著作：《重走大运河》

出版时间： 2019 年 1 月

出版社： 当代中国出版社

《重走大运河》是由嘉兴市政协学习和文史委、嘉兴广播电视集团、共同整理的新闻实录，胡伯良任主编。该书主要记载 2016 年嘉兴广播电视集团策划的"重走大运河"大型新闻行动的精华报道，主要围绕从 2006 年京杭大运河申遗正式提出到 2016 年的十年间，采访团队对运河沿岸各地保护、开发、利用的措施和思考；同时其内容还包括对运河经济、文化、饮食的挖掘和宣传，充分展现了嘉广集团对新闻担当和情怀的坚守，也反映出一个城市台在新媒体时代的积极尝试和探索。

（二）创作背景

京杭大运河是中国古运河的代表，与长城构成中国版图上的一撇一捺、最具写意的"人"字，同时它也是一条勾连起东西南北的大动脉，加速了千百年来大江南北政治、经济、文化的交融，促进了社会的繁荣和进步，由此运河沿岸留下了无数令人惊叹的文化瑰宝。2006 年，京杭大运河申遗考察活动正式开始时，无论是考察城市名单还是京杭大运河线路图，都没有嘉兴的名字，本着"为了大运河申遗，为了嘉兴不被大运河遗忘"的强烈意气，嘉兴广播电视台（2010 年成为嘉兴市广播电视集团）举行了建台以来规模最大的新闻行动——"我们的大运河"，将近 50 名采编播人员参与搜寻资料、完善报道方案。新闻行动于当年 9 月在杭州拱宸桥边正式启动，工作人员们一路北上，每到沿线城市，除了开展相关报道外，还开展大运河申遗签名活动。整个新闻行动历时半年，采访拍摄和展示大运河瑰宝，为大运河申遗鼓与呼，形成了一百多篇系列报道和三集纪录片，并汇编成《我们的大运河》一书。十年后的 2016 年，本着"十年积累的情愫的激发"，"重走大运河"大型新闻行动再次落定，依然是五六十号人马的大部队作战，依然是连续几个月的策划报道。这一次的报道则主要聚焦十年之变、运河记忆、运河文化、运河美味，分经济、文化、饮食三大系列报道，这些报道分别在电视栏目、移动客户端"禾点点"、微信公众号上编排发布，展示运河保护、开发、利用的成就和变化，也表达新闻人对申遗成功后的思考。《重走大运河》便是新闻行动中的精华报道结集成书、编辑出版的。

三、"飘萍"面对面

"小飘萍"：您能否谈谈《重走大运河》的创作体会？

访谈视频

胡伯良：2006 年，嘉兴广播电视台开展了"我们的大运河"新闻行动，从持续时间、出动人员、报道数量等多方面考量，都是建台以来规模最大的一次，而最大的收获是整个电视团队的凝聚力、战斗力以及自信心和内生动力得到激发。2016 年，我们又重走大运河，是基于这样的缘由，一方面是情怀，十年来，大运河采访的成长体会以及不负众望的行动硕果，一直激励和影响着摄制组成员乃至整个广电团队，申遗成功已经两年，大运河发生哪些变化，那些当年为保护大运河文化的人现在怎样了，这些问题都值得寻访，也能让更多的人进一步了解大运河；另一方面，媒体的格局发生了极大的变化，新媒体的崛起让传统媒介感受到很大的压力，如何主动运用新媒体，增强传播力影响力，是传统媒体必须思考的。

我们决定重走大运河时，幸有十年前的活动影响力，有市委、市政协领导的高度重视和支持，有一批钟情于运河文化、有心打造自身企业和产品形象的企业家，在有关部门和文史专家们的协助下，我们很快组建了新老结合的采访团队，也很快解决了新闻行动的经费问题。在嘉兴船博物馆挥旗启程后，我们再度从杭州一路北上，在对比十年来的变化、践行"四力"过程中，沉淀出一批围绕运河文化、经济、美食的优秀新闻作品。

这样一次新闻行动，可以说既出作品又出人。团队士气整体提升，团队凝聚力得到强化，新人记者、摄像的主动性被激发，脱胎换骨般成长，而新媒体的运用不仅扩大了活动的影响力，也让参与者有了全新的体验，一次活动的收获真的是太多太多。尤其让我印象深刻的是人员潜力的激发和素养的提升，因为人地两疏，所有的采访准备和对接无依无靠，如何在最短的时间内完成这些前期工作是很大的考验，如何熟练运用新媒体技术快速发稿，这些问题在采访过程中都被我们完美解决。我们的新闻行动刚结束，全国政副主席李海峰率领的大运河保护利用专家考察组来到嘉兴，专门看了我们的汇报视频，都赞不绝口，认为一个地方台能够为大运河申遗以及保护利用能做那样的活动很有魄力，也很有价值。

"小飘萍"：今天我们想就您的亲身经历，给年轻记者一些指导。想问您如果得到一条新闻线索，您会怎样完成这条新闻呢？

胡伯良：我大学学的是新闻学专业，毕业后一直从事新闻工作，先是在市委报道组，再到电视台。我在学校学的知识主要与纸媒相关，电视对我来说是全新的挑战，自己通过请教、进修、自学、观摩等逐步懂得和掌握电视采制的本领和技巧，从条线记者一步步成长起来。我觉得首先当好一个记者需要好奇心，也需要有质疑的意识，多问几个为什么，真正把新闻要素采访确认到位，千方百计尽快把这个新闻事实弄清楚。有时得到一条新闻线索，它具有很大的不确定性，那就得做调查。你在调查事实脉络的过程当中，要在关键的一些节点上去把握它，得找准人、找准路径，你只有了解较为完整的信息情况之后，才能做出一个最基本的判断，到底是什么？为什么会这样？今后会怎样？相应的一些东西会在你的脑子里形成一个概念。

所以记者无论碰到什么事情，采访的过程就是调查，采访就是做好信息求证。

"小飘萍"：怎么去理解和培养调查能力？

胡伯良：作为一名从业者，首先要有一种理想、一种信念、一种责任，有追求的人才会去努力，也就是我们常说的热爱吧。是否具有调查能力，首先取决于他是否有这种追求和理想；其次他要有一定的想象力，这种想象力不是胡思乱想，而是需要一定逻辑思维的推断，也就是说，当收集到一定信息之后需要整理和梳理，在此基础上进行合理的推断和分析，从而防止信息误导；再次就是判断力，他要能够及时迅速做出准确判断，可以说这是能否达到最终目的的重要一环。这三者是相辅相成的，当然，调查能力很大程度上是通过不断磨练获得的，由热爱生成坚定的意志，有意志才不怕困苦，才能不断获得各种信息，才能让想象力更丰富，更合乎事实逻辑，才能让判断更迅速更精准。光有能力不行，还要愿意付出，这意味着要在采访上要投入更多的时间、精力，尤其是问题性报道和舆论监督报道，需要事实证据的完整性，那么记者他需要去大量地收集相应的材料，找到相关的人员，要调度各种资源，梳理出事情发展的脉络和节点，完成信息对应和比照，等等，这个过程一定会遭受很多压力和干扰，甚至还有一定的危险。所以，有能力的好记者一定是有职业操守的坚定者。

"小飘萍"：从传统媒体新闻到新媒体新闻，您怎么看待新闻的时效性与真实性问题？互联网时代如何理解时效性与真实性的统一？

胡伯良：新闻信息传递要快，"快"跟我们作为党媒强调的信息传递的真实是不矛盾的，但不能简单对待。

我们首先追求真实，而不能一味求快，因为"快"，有时候反而会出现一些问题，速度快了之后，可能对新闻事实的核实产生影响，包括来源，以及我们所说的一些新闻的要素是不是准确完整，这可能会有一定的误差。作为官方媒体，把事实以最快的速度告知公众是我们的职责，所以也不能为了真实而不讲求速度。

"小飘萍"采访胡伯良老师

作为地方媒体，讲真实求快速的唯一手段就是第一时间接近新闻的源点。最快最近是实现真实和时效统一的最佳途径，别无他法。互联网时代是技术革命的成果，是传播手段、是平台；新闻的核心要义没有改变，追求时效和真实也不会改变，记者第一时间到达第一现场才能获得"新近发生的事实"。

"小飘萍"：您可以给青年记者一些建议吗？

胡伯良：我觉得一名记者一定要有激情。这种激情一方面是对工作的热爱，从而敬畏这个职业，热爱这个岗位；另一方面，就是舍得付出，无怨无悔，面对困难和挑战不计得失全力以赴。记者还要有追求，不断锻炼和提升自我，有追求的人才会更加勤奋，才会更加去努力，持续努力才能实现自我价值。最后，记者要善于合作、主动融入，合作和融入既是一种形式，更是一种智慧和能力。新媒体时代记者身上，这样的特征更加明显，也更加重要。

四、"小飘萍"心得

从"电视黄金时代"走过来的胡伯良老师，曾经组织策划、协调开展了一系列有影响的重大主题报道和大型新闻行动，胡老师通过一次次的亲身经历，锻炼了"脚力、眼力、脑力、笔力"，也培育了一批批优秀的新闻人才。在他看来，新闻理想更多体现在深入采访中、在优秀的作品中。他一直倡导要给记者、编辑、主持人"急重难"等任务磨炼的机会，从选题策划、采访对象选择到调查能力的培养，都要给年轻人有力的支持和帮助，让他们在激情与磨炼中成长。

面对媒体融合的大潮，胡老师毅然带领团队探索新的转型方向。在新媒体环境下，胡老师认为，媒体人该有一些坚守，比如对新闻理想的坚守、对新闻真实性的坚守、对调查研究的坚守。在《重走大运河》一书中，胡老师曾调侃："时过境迁，地方台的日子普遍变得紧巴。"但他也说现实与激情如冰与火，冰与火若能碰撞会绽放出最美的花。胡老师正是以一名老新闻人独有的"温度"和"力量"，激励更多的年轻人奋勇前行。

五、人物评析

从初出茅庐的青年记者到资深新闻工作者，从风雨无阻的台前到运筹帷幄的幕后，胡伯良以 35 年如一日对新闻事业的执着坚守，生动诠释了"唯有热爱可抵岁月漫长"。唯有热爱，才有不被消磨的激情。一路奔腾的京杭大运河，见证了多少兴衰更迭，也见证了满怀热爱的新闻人用脚步丈量它的意气与豪迈。唯有热爱，才有直面困难的勇气。新闻工作光鲜的背后，是一场以热爱打底的漫长跋涉、艰难求索。唯有热爱，才有创新创造的动力。在变化的媒体格局中，顺势而为、求新求变，开创嘉兴广电史多个第一，靠的正是不变的热爱之情。新闻工作是讲理想和情怀的，唯有热爱，能让新闻与新闻人永远年轻。

♟ 评析人

沈雅屏，浙江传媒学院新闻与传播学院教授、高级记者

毛洲英
我一直相信媒体力量

毛洲英，第十四届浙江飘萍奖获得者

一、人物介绍

    毛洲英，宁波广播电视集团编委会委员、广播传媒有限公司总经理、新闻综合广播总监，高级编辑。荣获全国首届广播电视生活节目优秀人物·百优主持人、浙江省三八红旗手、浙江省151人才工程第二层次人才、宁波市领军和拔尖人才、宁波市十佳新闻工作者、宁波市"六个一批"人才等荣誉称号，第十四届浙江飘萍奖获得者。编辑、主持的30余件作品获国家、浙江省各类新闻奖项。

二、人物代表作

（一）代表作信息

广播连续报道:《"红色情书"见初心》

首发时间: 2021 年 4 月 22 日

首发平台: FM92 宁波新闻综合广播《宁广早新闻》

（二）创作背景

在中国共产党成立 100 周年之际，主流媒体如何做好新闻宣传，引导民众传承红色基因，赓续红色血脉，凝聚起全民的理想信念？广播连续报道《"红色情书"见初心》通过一封革命情侣的书信，挖掘典型人物，讲好党史故事，提高听众共情能力，以独特视角展示党的百年奋斗历程，同时增强了主流媒体的传播力、引导力、影响力和公信力。

（三）代表作

"红色情书"见初心（节选）

尘封 30 多年的烈士情书首次公布，诉说 80 年前一段"红色情缘"（第一篇）

4 月 20 日晚，全市"周二夜学"党史学习教育课上，在镇海口海防历史纪念馆讲解员刘盈的宣讲中，提及一封鲜为人知的 80 年前革命家书。展阅此信，无人不被革命烈士的真情打动。这究竟是一封怎样的信？昨天，记者来到镇海口海防历史纪念馆，探寻信件背后的故事。请听宁波台记者吴巧采制的报道：

【混音："萍，不知是什么的牵连，在这样的工作繁冗中，我还时刻的惦念着你……"】

这一封革命"情书"出自 80 年前牺牲在日寇刀下的共产党人林勃，目前信件的复制品正在镇海口海防历史纪念馆抗日展厅中展出。镇海区档案馆副馆长刘艳介绍，展厅内展陈着李平、林勃等 8 位原籍镇海抗日英烈的光辉事迹，这封信就是在整理烈士资料时发现的：

【录音：在整理的过程中，我们发现了很多珍贵的史料档案，同时也包括林勃烈士的这封书信。】

【混音："我们决定要突出这受敌人武力威胁的重围，在江南一带迂回流动。"】

三张早已泛黄的信纸，上面的字迹已经模糊，但是，这封革命情书，让我们回到了80年前，烽火硝烟的革命年代，重现林勃烈士和这位萍女士的"红色情缘"。

【混音："在昨天晚上，我们已到青峙，虽然我们转辗了好几天，但毕竟叫所谓老粗们扑了一个空，这一副对独中的假面具，终究在今天被拆穿了。"】

写下这封信的时候，林勃23岁，任镇海抗日武装江南独立中队政治指导员。镇海口海防历史纪念馆馆长严辉介绍，信中的"萍"是余也萍女士，也是一位革命家。1941年10月，林勃在行军途中匆匆写下了这封信。他在青峙战斗中与国民党顽军激战，为掩护部队撤退，弹尽被捕，被绑在青峙的一棵大树上，后被闻讯赶到的日军连刺17刀，壮烈牺牲。

【录音：余也萍女士冒着生命危险去收他的尸体。在收烈士遗体的时候，林勃烈士身上穿的那件毛背心，就是余也萍女士（拆掉了自己的毛衣）为他织就的。这件毛背心上面是血迹斑斑，扎了17个洞。余也萍女士捧着这件血染的毛背心回到宿舍，而这一封林勃烈士在行军途中写的信，就在此时寄到了她的手中。她把这件毛背心上的血迹清洗干净，然后把这十七个洞用红色的毛线织起十七朵小红花，在后来的革命战斗中，她一直随身携带在身边。】

【混音："旁的留到碰面时再谈吧！我是在这样想。祝好！"】

这封写给恋人余也萍的信，也是林勃牺牲前写下的最后一封信。历经半个多世纪，这封信为何能历经战火完好保存，最后怎么会辗转成为历史档案，又是何人移交，至今仍尚待考证。

烈士血衣上的十七朵小红花（第二篇）

4月22日，我台以《尘封的"红色情书"诉说80年前的红色情缘》报道了林勃烈士于1941年牺牲前写给恋人余也萍的一封革命情书在档案中尘封多年重新面世的故事。革命情侣的动人故事，打动了诸多听众和网友的心。近日，市新四军研究会副秘书长周雅飞联系到记者，他们曾出版过《浙东抗日故事——十七朵小红花》，里面记录了后续故事。请听宁波台记者吴巧的报道：

【录音：这两天看到你们媒体报道了林勃烈士的事迹，我很激动，因为林勃烈士这个故事，我们研究会05年专门出过一个小册子叫作《十七朵小红花》。】

市新四军研究会副秘书长周雅飞激动地告诉记者，这段感人肺腑的革命故事现在能让更多人知晓了。

【录音：为什么叫作《十七朵小红花》，是因为林勃烈士牺牲的时候，他身上有17个刺刀孔，他恋人（余也萍）把这件衣服脱下来以后，在毛衣的17个刺刀孔上绣了17朵小红花。】

书里记载，中共党员林勃在青峙战斗中被日军连刺17刀，壮烈牺牲。余也萍同志冒着危险赶到青峙去找林勃的遗体。林勃僵直的身体穿着一件米黄色的土布便衣，便衣里面便是恋人余也萍送给林勃的藏青色毛衣背心，背心上留下了一个个破洞，染满了鲜血。他身上共有17处刀痕，只要身子一动，鲜红的血水还会往外淌……

为了纪念林勃并妥善保存血衣，余也萍把衣服清洗干净，仔细用红色毛线把背心上的破洞织补起朵朵小红花，一共17朵。由于在当时的环境下是不允许明白地说出林勃同志牺牲的事来的，为了纪念林勃，余也萍想出了几句诗歌。

【录音：青山埋烈士，荒草泣英魂，月白梦初醒，霜林染血痕。（这首诗）寄托了对烈士的思念，然后她就带着这件绣着17朵小红花的毛衣和这首诗，跟几个姐妹上四明山参加革命去了。】

至今，浙东大地上还传着"17朵小红花"的故事，那17朵小红花怒放在我们脚下的土地上，从不曾枯萎凋谢！

周雅飞告诉记者，余也萍有后人在上海，她还把最近的报道一并转发给余也萍的女儿丁芃了。

【录音：（我）看了（报道）以后，我就把这件事情跟余也萍的女儿丁芃马上联系了，她也很高兴，宁波人民没有忘记他们，表示感谢，我现在也联系上她了。】

访谈视频

三、"飘萍"面对面

兴趣使然，闯入媒体的世界

"小飘萍"：毛老师，在20世纪90年代，有一大批的人都可能对媒体行业会有一种向往，是什么让您转行来到这样一个行业？

毛洲英：我的转行比较偶然，我大学毕业后在高校里当老师，教大学语文，每天业余时间听广播。当时我印象很深的就是东方广播电台新成立的792，每天听他们的现场播报，我就觉得现在的广播模式、形态跟传统的有很大的区别，觉得这个很有意思，自己很有兴趣。刚好宁波广播那个时候有对外招聘，我也没多想就去报了名，结果考得蛮好的，然后就调到广电了，就是这样一个很简单的过程。其实当时在大

毛洲英接受采访

学里当老师也挺好的，我倒不是出于职业的原因跳槽，而是因为当时听东方广播电台节目引发的兴趣，就是这么简单。

"小飘萍"：过了这么多年，您还记得那种第一次到录播间里的感觉吗？会把那些看不见的听众想象成自己的学生吗？

毛洲英：记忆有点模糊，因为这是一个渐进的过程。当时的媒体跟现在不一样，我们需要先在基层跑各条线，积累大量的经验，然后确认某一档节目后，担任记者型的主持人。总之这个岗位要求第一要各方面经验都很丰富，言之有物；第二要具备声音、语音的条件。我刚到台里的时候是当记者的，然后老师们发现我的声音条件非常好，认为我比较适合做服务类的民生节目。我也确实觉得自己因为连续几年跑线，积累了非常丰富的经验，后来就开始尝试上节目了。对我来说，上课可能面对的学生更多，而在直播间，我只对着一个话筒，还要自己设想一下对象感。因为我没有面对很多人，所以没有所谓的紧张感。只是我的表达语态和说话的方式会不一样，当老师的经历给我打下了很好的基础。

我也不太会把听众想象成自己的学生。因为一旦进入直播状态，与听众互动是常态，我会接各种电话，接触各种男女老少的声音和不同问题。在那时，我不会去刻意修饰自己的表达，而是会很快进入自然状态。比如说听众问一些日常生活的疑难问题，我便急他所急，想他所想，会很自然地与对方拉近距离，去直面问题而不是去刻意考虑自己的表达和形态，加上广播不像电视那样要注意肢体语言等，所以我非常自然地就以最简单快捷的方式解答他的问题，没有考虑太多其他的方面。

"小飘萍"：听说您当年做广播主持人时，听众很熟悉您的声音，能马上辨认出您，您那时是什么感觉？

毛洲英：对的，我当时的播音名叫毛毛。很长一段时间，由于做节目，很多人都认识我，或者说听过我的声音。我做得时间最长的一档节目是《你好出租车》，当时在宁波可以说风靡大街小巷，我出门打车时，很多司机听到声音就会知道是我，当时主流媒体的影响力确实是今天很多人不能想象的。因为媒体的影响力，让我成为公众人物。在这样的条件下，我可以做更多自己想做的事情，比如参与公益类的活动，与栏目组一起解决老百姓身边的疑难事等等。

"小飘萍"：您那时先去了一线当记者，然后再做主持人。您觉得一线经历对您做主持人有什么影响？

毛洲英：这段经历非常重要，它让我更熟悉了解各个行业。跑线经历可以让你把自己的学识、社会经历、人生体验带到主持的领域。后来当我走上管理岗位后，一直秉持这样一个理念，我对部门主持人的要求是要先兼顾跑线，熟悉某一个领域，然后再成为这个领域的专家。这样，当他们成为主持人后，很多问题就迎刃而解了。

不改初心，坚信媒体的力量

"小飘萍"：您做过很多档节目，哪一档节目给您的影响最大？

毛洲英：我做过各种类型的节目，自己比较喜欢的还是《你好出租车》。就我的个性、声音条件以及各方面的经验来说，我觉得自己比较适合做生活服务类节目，而且我比较热心，对解决问题很投入，什么问题到我这儿我都会不遗余力去解决，所以我可能比较契合这种类型的节目。

我印象深刻的一件事，是几十年前的了。当时有一个打车的乘客，他带了50万元现金在身上，但因为他很匆忙、很仓促，导致在下车的时候把钱落在了出租车上。他非常着急，就找到我的节目来了。那时宁波的大街小巷只要有人在出租车上遗失物品，都会第一时间找到我的节目，然后我就在节目里给及时播出去。记得当时我播出节目不到半小时，钱就回到了失主手上，他真的特别感激。当时，我这里有宁波3000多辆出租车的车号和对应的司机信息，我们组建了俱乐部、服务小分队，搞各种活动，那个时候这是一种常态。正是因为这档节目有很大的影响力，当时宁波的交警支队、车管所等各类与出租车行业相关的部门，都跟这个节目紧密协作，大家可以通过一个共同的平台去传播信息、解决问题。

"小飘萍"：您的职业生涯里获过很多次新闻奖，其中包括 9 次浙江省新闻奖一等奖等荣誉。您还记不记得自己获得的第一个新闻奖？

毛洲英：第一个新闻奖是很早以前了，我印象特别深的倒不是第一个奖，而是另外一件事。2008 年我采访了宁波的一名捐肝者林萍，她是一个保险公司的女员工，她与需要她捐肝的小孩素不相识，但当她得知这个小孩的病情和家里情况后，决定瞒着家里人去捐肝。起初家里人不理解她，社会上也有很多人觉得她是沽名钓誉，她的压力很大。当时我想了解她真正的内心世界，于是决定通过第一时间采访，做一篇深度报道，通过节目让大家知道这是一个真实的感人的故事，是一件很正能量的事情。

我记得我们是在她做完捐肝手术回到宁波镇海一家医院休养时第一时间采访她的，当时林萍还很虚弱，处于这种现场时，你的角色是模糊的。我们先跟她的家人一起照顾她，然后慢慢走进她的内心，所以这个采访对我来说印象是很深的。为了一个素不相识的人捐出自己部分肝脏，这中间的思想过程是非常复杂的，她跟我们讲了她的心路历程，声泪俱下，让我们看到了"英雄"并不是天生的，她也是经历了心灵的矛盾和挣扎，才做出最后的决定。接受捐赠的女孩后来恢复健康了，这就是最好的结局。这篇作品播出后，引起了很大的反响，大家都为这位平民英雄点赞。作品在省里拿到了一等奖，后来还获得了中国新闻奖。获得奖项令人高兴，但作为一名记者，可能作品对我来说并不是最重要的，重要的是在每一次的采访当中获得了什么，让自己有所成长。

我一直相信媒体的力量，有人说传统媒体必定要死亡，我不这样认为，只是说媒体的传播方式、传播平台会随着技术的进步有非常大的变化，但是它的内容价值、社会价值、影响力和引领作用是不会消失的。社会要进步，必定要有一个说真话的人群或机构，不管什么年代，记者都是这样的一个角色。在不同的时代，你的代言或者你的呼吁会有不一样的方式，但是你的责任心、你的良知是不变的。我想省里之所以推出"飘萍奖"，就是要让从事这个行业的媒体人始终记得邵飘萍先生的精神，在不同的时代，我们可以把他的精神传承下去。

"小飘萍"：2017 年您从总编室回到广播一线做总监，当时是一个什么样的状况？

毛洲英：我是从普通的记者、主持人、编辑开始，然后一路成长，再慢慢从一线过渡到服务部门，比如说到总编室做一些案头的研究。我 2014 年的时候已经从一线到集团总编室当主任，相当于完成了我职业生涯一个非常重要的阶段。但后来传统媒体面临很多新变化，包括一线产业的发展、人员队伍的培养，都需要有经验的人员能够带领队伍往前冲，于是我又重新回到了新闻一线。

对我个人来说，当时我年龄也不小了，重回一线，对自己是个挑战。但既然工作需要，那我就去做。回到一线，首先要做好主责主业，做好新闻宣传、主题报道，传达好党委政府的声音，确保播出质量、播出安全。同时还要根据媒体融合新形势，开拓市场，实现创收，提高经济效益。面临这样的挑战，我当时压力确实很大，所幸这几年通过团队共同努力坚持下来了，而且成绩是可喜的。我们现在创优和创收数据都很好。

"小飘萍"：当前媒体环境跟传统媒体时代比已经发生了很多变化，您是怎么思考广播融媒发展的？

毛洲英：2017年我从集团总编室回到广播一线，那一年我思考了很多问题，也想了很多新招数。2017年可以说是媒体融合的第一波热潮，我觉得广播必须突破瓶颈，有新的增长点才能让所有的从业人员兴奋。那时恰逢党的十九大召开，我们要做一个大的宣传策划，我想到我们可以尝试以声音的传播为辅助，以影像的传播为主流来做广播异地直播。在电视技术部门的密切配合支持下，我们成功完成了党的十九大特别访谈——"我是党代表"北京宁波两地音视频同步直播。

现在回头看，广播人做视频也没有什么困难，自那一次全新模式的直播后，大家对于广播的传播理念，或者说广播如何进行下一步的融媒传播，有了非常多新的认知，也就是给大家打开了一扇新的窗户。当然广播融媒发展，理念是前提，技术是关键，未来的融媒传播应该是技术引领的。

成为灯塔，照亮后浪的路

"小飘萍"：获得浙江飘萍奖，对您来说有哪些特殊的意义？

毛洲英：浙江飘萍奖是浙江省新闻界个人最高奖，拿到这个奖，让我觉得，只要付出，就会有收获。我从管理岗位重新回到一线，获得这个奖，觉得很不容易。宁波历年来评上浙江飘萍奖的前辈，都是让我非常敬仰的，比如第一届的获奖者——报社的张登贵老师，他现在已经八十多岁了，依然笔耕不辍，还在担任我们广播新闻的评论员，每年他的作品非常多，而且文字非常犀利。我觉得自己和他相比还是有很大差距，还要继续努力。

"小飘萍"：您觉得媒体人的这种职业身份，跟公众应该是一种什么样的关系？

毛洲英：从社会的角色来说，媒体人是时代的守望者、见证者，是舆论的引导者。但是当你沉下心来，作为一名普通的采编播人员工作时，需要一直跟大众保持平等交流的关系，只有这样才会有代入感。你的问题就是我的问题，以平和的心态交流。尤其现在是新媒体时代，人人都掌握了话筒、摄像机，人人都是记者，舆论环境是大家共同营造的，不要觉得自己就是跟他们不一样，或者高他们一等。当然我们作为党的媒体，作为主流媒体人，也一定是有别于普通人群，那就是坚持舆论导向，我们要引导主流舆论，传播正能量。

"小飘萍"：全媒体传播时代，您怎么看待新闻传播专业和职业？您会给年轻学子的职业选择提哪些建议？

毛洲英：今天我们面临的是全媒体传播时代，是一个开放的新时代，传播联结千行百业，新闻传播专业技能和知识，是社会的普遍需求。年轻一代，他们的择业观、生活观跟我们有很大的差异，任何选择的前提是要尊重他们的个人意愿。同时，学校、家庭、媒体各方面也要做一些职业引导。我们现在有校地合作项目，通过课堂讲座，我会非常清晰地告诉学生未来传媒的发展方向，以及我们的焦灼、困惑、探索和不懈的奋斗目标，通过清晰的案例告诉他们，然后让他们自己做决定。我们要成为灯塔，照亮后来者的路。我相信他们会有自己的判断，他们有自己的人生观和理想，只要他们热爱，他们就会选择。

"小飘萍"：对于新闻学子，您会对他们说些什么？

毛洲英：首先要肯定，然后是鼓励。我始终相信，未来媒体会有非常大的发展空间。如果每一个进入这个行业的人都有理想、有情怀、有创新精神，这个行业肯定会一直向前发展。

四、"小飘萍"心得

"我始终相信媒体的力量"，从毛洲英老师的话语中，我们似乎窥见了传统媒体黄金年代的缩影，也看到了资深媒体人对职业的执着与热爱。"相信"本身就是一种力量。铁肩担道义，妙手著文章。毛老师说："或许在不同的年代，记者的呼吁会有不一样的方式，但是你的责任心、你的良知是不变的。"媒介边界的扩张进一步提高了对于记者的要求，记者要掌握更多的工具，要具备更多的知识技能，要发现更深层次的问题，要不忘初心，以与时俱进的能力，适应不断变化的新闻传播需求。

一边是从"黄金时代"走来的老前辈们所秉持的信念与坚守，另一边是如今不断更迭演变的传媒生态，新闻行业没有一劳永逸的标准答案，但我们一定要有清醒的认知：今天的你从何处来，又要到何处去。

五、人物评析

"不改初心，坚信媒体的力量"是毛洲英的座右铭。她从1993年进入宁波广电，一路从记者、主持人、节目部主任做到新闻综合广播总监，经历了从一线记者到管理岗位的多重角色转变。在30多年的工作实践中，她始终以坚定的理想信念和严谨的职业态度耕耘在新闻一线，服务于党和人民，用广播的力量赋能现实问题的解决，体现了新闻人的初心与使命。毛洲英30多年的新闻工作，诠释了一名优秀新闻人是如何练就一身本领的——保持责任和良知、勇于探索、守正创新，才能赓续新闻事业的使命和担当。

评析人

肖荣春，宁波工程学院人文与艺术学院副院长、教授

本章思考讨论

1. 两年一度的浙江飘萍奖，是浙江省新闻工作者的最高荣誉奖。这些优秀的新闻人，以"铁肩担道义，辣手著文章"的勇气与实干，汇入滚滚的时代洪流中。请你在学习这些新闻人的故事后，谈谈对新闻职业的认识。

2. "邵飘萍"这个名字穿越时空，至今仍是中国新闻界的一面旗帜，鞭策我们将能力专长与国家民族的需要联系在一起。作为新时代媒体人，我们应如何培育和践行社会责任，做大时代的记录者、参与者、推动者？

第二章

心之所向 专业至上

CHAPTER 2

专业至上　心之所向

CHAPTER
2

杨川源

好记者永远在路上

杨川源，第十五届浙江飘萍奖获得者

一、人物介绍

　　杨川源，现任浙江省浙江广播电视集团融媒体新闻中心高级记者。第 18 届长江韬奋奖（长江系列）获得者，第十五届浙江飘萍奖，中国共产党浙江省第十五次代表大会代表，中国记协第九届理事。20 余次获得中国新闻奖、中国广播电视大奖等，80 余次获浙江省新闻奖。连续 6 年获中国新闻奖，其中 2020—2022 年连续三年荣获一等奖。入选中宣部青年英才，首届全国广播电视新闻百佳推优广播电视优秀新闻记者编辑，全国广播电视和网络视听行业领军人才工程，建立全国首个专攻蹲点报道的"川源蹲点工作室"，在浙江全省设立 20 个市县级基层观察点。2022 年 11 月浙江省委宣传部专门发文，号召全省宣传思想文化战线广大党员干部向杨川源同志学习。

二、人物代表作

（一）代表作信息

电视报道：《陈立群的最后一次家访：即使拄着拐杖也要来关心台江的教育》

首发时间：2020 年 8 月 24 日

首发平台：浙江卫视《正午播报》

（二）创作背景

2020 年是中国全面打赢脱贫攻坚战收官之年。2017 年开始，浙江卫视记者深入苗寨，持续跟踪记录来自浙江的支教校长陈立群，为提升贵州台江民族中学教学质量呕心沥血的感人事迹，引发社会热烈反响，助推了陈立群当选"最美浙江人·浙江骄傲"及"时代楷模"。2020 年高考台江民族中学实现了本科率从 10% 到 79% 的逆袭，2200 多名民族地区的学子走出大山，实现大学梦。8 月，花甲之年的陈立群，在三次推迟返杭后，即将告别台江。得知消息，记者在三年持续记录这一典型人物的基础上精准判断，将"最后一次家访"作为新闻价值的集中体现的特殊时间节点。冒着贵州山区连续的暴雨，聚焦"典型事件+典型场景+典型人物"，体现了脱贫攻坚典型人物"久久为功"的教育扶贫情怀。片中用"此情此景"，激活三年的宝贵积累，适时切入陈立群教育扶贫的历程与成效，突出表现和传递了东西部协作"扶贫先扶志，扶贫必扶智"的重要意义与坚定信念。

三、"飘萍"面对面

访谈视频

何为记者：从故事的记录者到变革的推动者

"小飘萍"：您从事记者这个职业已经有 24 年时间了，您是怎么理解记者这个职业的？

杨川源：对记者这个职业的理解，在不同的职业阶段会有所不同。从开始我理解的记者是一个记录者，到渐渐懂得记者应该是能够帮助到更多人的人，特别是近年来越发明确，记者不仅应该是社会进步的推动者，更应该成为改革的参与者，改革者。在这样角色转化中，我不断加深了对记者这个职业的理解，这个过程也印证了：当记者没有捷径可走，它是一个要在挫折中不断去用力用情用心去体验的职业。

"小飘萍"：那您觉得这是记者这个职业最吸引您的地方吗？

杨川源：如果说最吸引人的地方，那就是它是始终是在社会生活里的，是在每个人生活中的。因为记者要长期做一名独立清醒的观察者，公平正义的守望者，温暖真情的传递者，时代风云的记录者。当人们赶路时，记者要像路灯；当人们要找寻真相时，记者要像探照灯；当人们需要帮助时，记者要能凝聚力量。

"小飘萍"：在您从事记者的24年中，您觉得哪一个阶段印象最深？

杨川源：就是在我刚刚从社会新闻部转出来的那个阶段，一下子要从"家长里短"转到主题报道，我变得不会写稿了……是"蹲点"让我找到了走出困惑与困境的路。只有跳出"小我"，沉下心，扎进去，才能写出好报道，写出对人民群众有用的报道。这种自省，不是空洞的，而是在一步步一次次去基层的路上，在一篇篇一组组蹲点报道中逐渐感悟获得的。好记者，一定要先看到别人，再看到自己。也要有敢于看到自己，再进一步看到别人的本领和勇气。始终把自己放在低处，始终敢于直面自己的真实感受，去回应、唤起、引导社会共鸣，推动社会共识的形成，这就是"蹲点"的意义与目的。现在说起来这些好像云淡风轻，而在那时那地看起来却是无法逾越的障碍，这个过程是由无数次被退稿，无数次再修改，再补充，再出发组成的……所以，回头看，真正能让一个人强大的，不是赞美，而是挫折，任何困难都是推动你向前的巨大动力。

扎根基层：把水浇到基层新闻的根上

"小飘萍"：您在曾经的采访中说过，"好记者永远在现场，好现场永远在路上"，那您统计过，自己这24年的记者生涯中走过了多少地方或者说做过多少条新闻吗？

杨川源：在参观浙江省"八八战略"实施20周年大型主题展览的过程中，身为记者的我们发现，几乎展板上的每一张照片，每一个浙江发展的重大节点，都有我们曾经历过的新闻现场，这让我们感到非常亲切，也很温暖，很振奋。越是有共鸣，扎根基层这条路我们越是要坚定走下去。所以，最近几年，我们蹲点团队正在加紧给自己"扫盲"，要努力到自己不熟悉的地方去，即使是熟悉的地方也要不断用新的眼光、新的视角去观察。

"小飘萍"：您的这些蹲点报道中，其中有获得过中国新闻奖一等奖的《陈立群的最后一次家访：即使拄着拐杖也要来关心台江的教育》是您长达3年时间蹲点的成果，您最初是如何发现这个故事中的新闻价值呢？

杨川源：越是看起来精彩的故事，感人至深的时代人物，呈现他们就越是需要走更多的路，做更多的积累，感悟更多的人生得失与痛楚。这和生活一样，都一定不会一帆风顺。比如说第一年认识陈立群的时候，他其实比较反感记者去拍他，因为不断有人去台江找他，为此他耗费了大量教学管理的时间……他的这番话，对我触动很大。也更坚定了我要通过自己来改变他的成见的决心。我要做的首先就是"不打扰"，开启无干扰拍摄，不能把一个被采访对象当作你"剧本"中的一个角色，用纪录片式的，沉浸式的拍摄方法，原原本本地把对方记录下来。对于新闻来说，很多人认为这种拍摄方法不划算，素材和使用的比例往往是 100：1，但是我们一坚持就坚持了十几年，下笨功夫，才能记录真现场，才能发现和捕捉到这个时代中最温暖鲜活的人的故事，精神的力量。

三摘头名：荣誉的背后是它应有的社会价值

"小飘萍"：您在这三年的中国新闻奖一等奖获奖经历中最大的收获是什么呢？

杨川源：我们在中国新闻奖中积累了一种无形的能量。特别是在媒体系统性变革的当下，这样连续三个中国新闻奖一等奖并不只是三个奖杯，而是一个方向，向着基层走的方向。传统主流媒体要实现自身向真正的新型主流媒体转型，前提一定是身处其中的每个成员的自我转型。融合传播不断倒逼我们创新表达方式，也不断倒逼我们自己，要重新认识和成就我们新的核心竞争力。调查研究没有消失，永远不会消失，需要的是我们用新形态，新载体，新平台，去传播和推动。这个过程中，我也和大家一样，总会怀疑自己的能力，但是，有一点我从没怀疑过：到基层去，到现场去，跟干部群众在一起。当一些人一边躺平一边抱怨的时候，他们正在与这个行业在新时代的新机遇渐行渐远。能够活下来，活得更好的人一定不是那些只会说风凉话，自己唱衰自己的人，一定属于那些到基层广阔天地里努力扎根，努力去行动的人。

在面对媒体改革的当下，我尤为珍惜行业和组织给予我的每一项荣誉，它不仅是认可，更是责任，让我越发不敢停步，不敢歇脚，总有新使命，新目标催我再出发，时不我待。而对我们整个行业来讲，也是如此，我们需要更多奋不顾身的"行动派"，而不是站在路边的"评论家"。

"小飘萍"："川源蹲点观察"是由您领衔打造的一个省级的宣传平台，打造这样一个工作室的初衷是什么？

杨川源：非常感恩浙江省委宣传部，浙江省记协，浙江广电集团，还有全省广电宣传系统对蹲点报道的充分重视与大力支持。2023 年在川源蹲点工作室的基础上，我们进一步以省市县联播开发优质内容为核心，下沉组织体系，建立遍布浙江山区海岛的基层观察点。上下齐心进一步夯实基层记者的新闻发现力，观察力，提炼力，传播力。基层新闻能力强，我们的传播体系的根基才强。

"小飘萍"：您 2023 年开的这个蹲点县市级的复盘大会，有没有印象特别深刻的案例？

杨川源：大家对于蹲点认识正在改变，以前大家会认为蹲点报道里记者出现最重要，但通过不断对照研讨，逐渐厘清了"表象"和"内核"。我欣喜地看到，大家都开始意识到形态上应该做转变，内容上要做提升的重要性。好的内容，就要有传播力，就要让更多人就在传播中看到自己的需求，自己的声音。很多同行会说，怎么才能让采访更精彩，才能让被采访对象说出金句，说出心里话，说到点子上。我常说，不是老百姓不会说，不会表达，而是我们扎得不够深，去得不够多，没有面对面，心交心。只有真正跟他们一块操心、一块焦虑、一块着急的时候，受访者才会把你当自己人。这就是我们蹲点报道寻求突破的一个非常管用的方法。

"小飘萍"：据我们了解，以人名来进行命名的专栏其实还挺少的，"川源蹲点观察"这样一个专栏面世后，您觉得对您来说会有压力吗？

杨川源：我之前还是有顾虑的，我曾经三次跟领导提出来，把"川源"两个字从节目名字中拿掉，但是领导反复对我说，这个专栏是通过你，代表更多践行蹲点的新闻人。这倒逼我们不断通过个性化的视角，改进作风文风，把更多基层的新发现，好做法，展现出来，提炼出来。是一种巨大的鞭策，它会推动整个节目不断向前走，整个改革向前走。

寄语青年：既要快起来也要慢下去

"小飘萍"：对我们广大的青年新闻工作者来说，其实大家社会实践经历还是比较少的，您能不能从个人经历出发，给青年新闻工作者提一些建议？

杨川源：融合传播时代，整个传播样态、媒介等等都发生了颠覆性的转变，我希望年轻记者要多做案头工作，多向深处挖，肯于去做别人看不到的努力，不要去做表面文章。那只会让自己成为无根之花，水中浮萍。做有心人，下笨功夫，深扎深扎再深扎，用心用心再用心。

四、"小飘萍"心得

这次采访的机会对我们来说十分珍贵，本以为这会是一次匆匆忙忙的行程，然而当我们见面时才发现，杨川源老师是一位非常亲切的前辈。当我们架设好机器，打好灯光，杨老师认真地确认画面、背景和光线，让我们倍感亲切。在接触当中，我们也发现她非常可爱的一面，当我们试拍后跟她确认画面时，她突然笑着说道：

"我是不是穿得太暗淡了？"于是又换上了一件橙色的外套。尽管杨老师目前已经是一名非常优秀的知名记者，但是她对待任何事情依然十分谦虚。在采访结束后，杨老师带着我们参观了她平时工作的地方，一边走，一边和我们说着她平时的工作日常，在她给我们介绍浙江省新闻中心的审片现状时，说自己每到这个地方就会肃然起敬，满怀敬意。我们非常敬佩她严谨负责的工作作风与谦虚好学的工作态度。

在和她交流的过程中，我们发现她具有很强的社会责任感、敏锐的洞察力以及坚持不懈的精神，这些优秀的品质不仅让她接二连三地创作出典型的、意义深刻的作品，也让她不断践行着自己的新闻理想，在新闻领域中锻造出自己的独特价值。在结束这次采访的时候，我们深刻地感受到了杨川源老师作为一位优秀新闻工作者的魅力，她的专业性和工作热情让我们深受启发。杨川源老师对于新闻职业的精彩演绎让我们认识到，要成为一位优秀的记者，不仅要有过硬的专业能力，还要有高度的思想觉悟和新闻理想，并将新闻"四力"贯穿始终，把自己的真心交付于现场，呈现最真实的基层动态，于新闻实践中学习与反思自己，凭借慢下来的沉静能力与快起来的敏锐思维，保持严谨的作风与谦虚的态度，一步步在社会这个无形课堂中汲取养分，充实自身。

五、人物评析

有人说，好记者胸中有党，眼里有光，脚下有泥，心中有梦。杨川源就是一名优秀代表。她拼搏，在基层一线；她奋斗，因人民情怀；她奉献，为时代放歌。记者之路注定山高水长，但因初心不改，这万水千山，这岁月征程，就是星辰大海。从边远山乡到高原海岛，从田间地头到工厂车间，从乡居土房到国际会场，杨川源一路"长跑"，记录时代的温暖与成长、进步与变革，在奉献中成就自我。杨川源身上最鲜明的标签就是"扎根"：扎根基层、扎根人民、扎根时代。正是三个"扎根"，让她采写出一大批沾着泥土、带着露珠、冒着热气的新闻作品。这是杨川源最值得同行学习的地方。

评析人

傅亦军，浙江省新闻工作者协会秘书长，高级编辑

余 云
心永远在现场

余云，第十一届浙江飘萍奖获得者

一、人物介绍

余云，曾任浙江广播电视集团民生休闲频道《1818 黄金眼》记者、集团新蓝网新闻中心主任、集团融媒体新闻中心（浙江卫视新闻中心）副主任，现任浙江之声新闻中心主任。毕业于浙江大学广播电视新闻学专业，获中宣部青年英才、浙江省三八红旗手、浙江省"走基层先进个人"等荣誉称号，第十一届浙江飘萍奖获得者，中国共产党浙江省第十四次代表大会代表。

二、人物代表作

（一）代表作信息

电视连续报道:《北林垟山民的"专属"司机》

首发时间: 2011 年 3 月 21 日

首发平台: 浙江广播电视集团民生休闲频道《1818 黄金眼》

（二）创作背景

电视连续报道《北林垟山民的"专属"司机》，采用纪录片手法，表现一位老党员、一线公交司机在温州山区公交线路十几年默默奉献的事迹，用平实的镜头讲述了平凡而感人的故事。

温州市瓯海区北林垟距离县城 20 多公里山路，拍摄期间，余云每天跟着司机老刘，来回开 8 趟。其中单趟的弯道就有 103 个，把余云和同事转得直想吐。老刘每天早上 5 点半从山上发车，采访期间余云和同事们只好住在山上的村民家里，和一位女同事两人挤一张不足 1.2 米的小床，然后每天早上 4 点起床，晚上 10 点收工。正是这样的"朝夕相处"，让老刘从心里把余云当成了朋友。

（三）代表作

年轻记者基层蹲点日记: 北林垟山民的"专属"司机（一）

山民眼中的好司机

【导语】

温州瓯海区泽雅镇群山环抱，风景优美，被温州人誉为后花园，因为海拔相对较高，这里也被人称作是温州的青藏高原。在群山环抱中，有一辆让山区老百姓交口称赞的公交车，他的司机是 53 岁的刘景福。这位来自河南的司机，在温州开 17 年公交车。在 7000 多位温州公交车司机中，刘景福是唯一一个把家安在山上的司机，唯一一个没有休息日的司机，也是唯一一个在墙上写了十年行车日记并创下新的安全无事故记录的司机。这到底是个什么样的人？有着怎样的故事？今天，我们的记者就将第一次坐上刘景福那辆开往山区的 12 路公交车。

【正文】

从温州市区出发，驱车近一个小时后，我们到达了位于温州西部的瞿溪镇。

（字幕）3月8日15:30温州瓯海区瞿溪镇公交车站

【同期声】

记者 余云：问一下，12路发往北林垟的车是不是在这儿发车的？

车站调度员：是的是的。

记者 余云：刘景福刘师傅在不在？

车站调度员：在，现在不在。（车）到了，去广化桥加油了。

【正文】

每天这个时间，刘景福都要把车开到公司做检查，然后再赶回车站继续发车。12路的终点站——北林垟距离瞿溪31.5公里，几年前撤乡并镇后，成了一个办事处，如今还有常住人口两三千人。刘景福的12路车，是北林垟人唯一的出行工具。

北林垟是个什么样的地方呢？它是温州少数几个最高峰之一，它最高位置的海拔达到了600多米。就是在这条线路上，刘景福每天是要有4个来回，也就是8个班次。

【同期声】

车站调度员：觉得他人很好哎，对乘客热情，把老人扶上扶下的。

【正文】

调度员说，平常老刘是相当的准时，可今天刚巧是赶集的日子，整个镇上人多、车多，一直到傍晚5点，我们才看到了12路，以及坐在驾驶座上的刘景福。晚了整整半个小时，看得出，老刘有点急了。

【同期声】

刘景福：后门关上，后门关上，上上上。把座位坐好再说，快点快点。乘客同志们呐，今天路堵，来晚了，对不起啊。请大家下车刷卡投币，请坐在哪里还坐在哪里。全部都下，好好好。

【正文】

老刘的同事告诉我们，这是老刘自创的上车流程。12路车上老人多，随身行李多，老刘不会说温州话，只能吹哨子让大家安静下来，然后指挥大家先上车占好座，再下来刷卡，既确保了安全有序，还更省时间。

【同期声】

刘景福：她跟他一起投币，已经投进去。坐好坐好，左边头不要露出来，手不要露出来，注意车来回。

【正文】

临开车前，老刘才转头跟我们说了第一句话，他说这开车时，请不要找他聊天。

【同期声】

刘景福：路上不行，路上开车会有安全问题。

【正文】

一条线路，一辆公交车，一个驾驶员。所以提到老刘，乘客们都认识。

【同期声】

乘客：他也是个共产党员，这么艰苦，扎根我们山区。我说这一点是一个共产党员的亮点。

乘客：老刘是我们北林垟的司机啊，我们自己的司机。他服务一流，技术一流。

【正文】

大伙儿说，去北林垟的这条路可不好开，海拔高，路窄弯又多，很多司机开了一两年就跑了。但老刘这一开就是五年，而且一年到头也不见他休息。

【同期声】

乘客：老刘每天，不管下面路堵不堵，早一点也要上去，迟一点也要上去。他最迟的时候我知道，是晚上2点钟。

乘客：山路旁边，有些农民在下面，老刘都会主动地招呼他们上来。

乘客：这个车就是林垟人的自备车。

【正文】

去年，北林垟有一户人家着火了，老刘一声不吭，捐了2000。说起老刘的事，每个北林垟人的脸上都显得特别自豪，而老刘依旧一言不发，专注地开着这辆北林垟的自备车。

【同期声】

刘景福：刷卡投币，请刷卡投币。

【正文】

我们注意到，每次有乘客上下车，老刘都要站起身来，不是帮忙刷卡投币，就是看着乘客下车，没有一次例外。一个多小时后，数不清转了大大小小多少个弯，我们终于到了12路的终点站——北林垟。

【同期声】

刘景福：下车。谢谢啊，检查一下，看看乘客有没有在车上掉东西，检查一下。

记者 余云：初见刘景福，我跟他的交谈没有超过十句话，但是我却从乘客这里看到了一个非常热心肠的老刘。正如大家所说的，这辆车是北林垟的自备车。而老刘就是北林垟自己的驾驶员。6 频道《1818 黄金眼》记者温州报道。

【后导】

这是我们记者和刘景福的第一次接触，这位朴实的河南籍司机，话不多，但做的却很多，热心、耐心，加上优质的服务，让所有的北林垟山民感到骄傲。老刘一天的工作是怎么安排的，一个驾驶员是如何承担起一条线路的行驶任务的，明天请继续关注我们的特别报道——《北林垟山民的"专属"司机》。

访谈视频

三、"飘萍"面对面

女孩子想做战地记者，不奇怪啊

"小飘萍"：听说您从初中开始就想当战地记者，有什么特别的原因吗？

余云：就是有情怀，性格使然吧。你让我拘束在一个地方，做着有限的事情，这不是我想要的。我觉得记者这份工作的状态就是"你不知道每天会发生什么事情"，而我又非常向往。我当时就想，战地既然是一个风云变幻的环境，那么我就应该在那里去见证、去记录、去报道。

"小飘萍"：如果有机会，我也想成为一名战地记者，而且这个愿望很早就有了。但是身边会有人说，战地记者需要强壮有力的人去做，女孩子想做战地记者，有时会被人质疑，您怎么看？

余云：我觉得一个女孩子想做战地记者，不奇怪啊。说不定想当战地记者的女记者人数比男记者人数还多呢。其实相较于所谓的高大勇猛，我认为一个人内心强大才更重要。

落差 被充实和意义填补

2005 年底，余云从上百名应届大学生中脱颖而出，以实习生的身份加入浙江广电集团最有影响力的民生新闻栏目《1818 黄金眼》，踏上了属于她的民生新闻记者之路。

"小飘萍"：当初这么想成为一个战地记者，结果您在毕业后却去了《1818 黄金眼》，做了一名民生记者，最开始的时候会有落差吗？

余云在"7·23"甬温线特别重大铁路交通事故现场进行报道

余云：关于民生新闻的新闻价值大小问题业内也做过很多探讨。在我看来，其实新闻就是发生在我们每个人身边的事情，不论是大事还是小事，只要这件事情是和老百姓有关系的，是能够推动时代进步的，它就是有意义的。一则小小的民生新闻，它背后反映的还是整个大时代。帮助解决每一个民生小事，其实就是在"小小"地推动时代进步。

但一开始，落差的确会有，现在回过头去看，那时候每天有人投诉漏水，投诉楼上装修，这个人买了车发现有什么质量问题，那里发生一场火灾……你会觉得，自己好像每天被限制在这里面。

但后来慢慢明白，"1818"给我的锻炼是很特别的，除了一些平时遇到的小的投诉问题外，我也从来没有错过包括北京奥运会、汶川地震、杭州地铁塌陷、温州动车事故在内的一系列重大事件。所以作为记者，我是比较幸运的，各个类型的新闻事件都接触过，也很适应"1818"的工作节奏。

现在回过头来看那些自己报道过的民生新闻，你会发现，自己也的确每天在解决一些事情；你会意识到，自己写出来的报道、拍出来的片子，实实在在地反映了这个社会发生的事情，是在帮助解决一些问题，甚至给出了一些建设性的意见，这些都是我们新闻工作者的意义所在。理解了这些，也就感受到了这个岗位的价值和意义，还有责任。

"小飘萍"：就像您所说的，民生新闻更多关注的是发生在我们身边的小事情。面对或许有些琐碎的民生新闻工作，您会感到疲惫吗？

余云：疲劳感还是会有，那些日子是很苦的，我们几乎没有在太阳还挂在空中的时候下班的，但不会反感，毕竟是自己的选择。而且那段在《1818黄金眼》做民生新闻记者的经历，即使放到现在来看，也是我职业生涯里相当有价值的经历。

那时候在"1818"里，不论是老记者还是新记者，都有一股冲劲，因为我们都想做每个月的"工分王"。当然不是说"工分王"就能多赚钱什么的，重要的其实是一群充满热情的人聚集在一起的氛围。我们每天会去比赛，今天你拍了几条，我拍了几条；你的报道能不能做成系列连续报道；你的报道这两天有没有被列入重点报道；你有没有可能去做后续……

就是在这样的状态里面，不管是老记者还是新记者都乐在其中，而且能够坚持下来，我就会觉得有一种怎么也使不完的劲，然后看到观众对"1818"的喜欢、对"1818"采访的认可，你就会真的觉得很自豪，当然也就会更热爱自己的工作了。

记者要走进受访者

"小飘萍"：在对您的报道中，经常提及您会全身心地投入现场。比如您在 2011 年的温州动车事故报道中，带有哭腔的报道；还有像在 2009 年由您和同事们一起推出的公益助学活动"彩虹计划"，您会不会觉得自己在报道新闻事件的过程中有时过于感性？作为一名记者，这会不会导致新闻报道不客观？

余云：我觉得不会。不管是和"彩虹计划"里的贫困学生，还是其他人，我最后都和他们成了很好的朋友，但这并不会妨碍我客观地来反映他们。对于一个新闻事件或者一位新闻人物，我觉得一名记者应该感性地去观察，然后理性地去表达。因为观众想要和采访对象建立联系，就需要通过记者，那么记者就要全面地去了解，动用各种情绪，真正走进采访对象内心，这样记者搜寻出来的东西才是立体的。

比方说在报道北林垟山区公交司机老刘时，我就和他同吃同住。他吃馒头，我吃不下，就吃方便面；他住在山上，我也住在山上；他四点起床，我也四点起床。就是在这样的过程当中，我去体验了他的生活，才能明白他坚守的意义。而且在刚开始采访的时候，采访对象一般不会马上被带入面对镜头的情境里去。所以我们就要聊，你只有体验过他的生活，才能走进他的内心，才能在后面的采访中越聊越好，受访对象才会觉得他是被尊重的，他表现出来的情感才会越来越丰富，越来越真实。

而如果你是很理性地按照条条框框来做，只是去找"5W"要素，那我觉得这样一定会失去很多新闻的亮点，而且没有深入事件本身。那些你自以为很理性的报道，反倒会带着某些自己的看法。所以，做记者一定要会打交道，你一定不能和人保持一个很远的距离，你要真正和你的受访者走在一起，这个很重要。

很难 但所有事情都能找到平衡点

2014 年 11 月，为响应集团号召，余云离开了自己"轻车熟路"的传统电视媒

2007年，在余云和同事们的共同努力
下，"彩虹计划"正式启动，"彩虹计划"
正式拉开了浙江电视台民生休闲频道投
身公益事业的大幕

体，转战到彼时浙江广电集团正重点打造的新蓝网。

"小飘萍"：不论是之前您在"1818"做民生记者，还是后来做新媒体，看上去都很忙碌，还能留出时间陪伴家人吗，会觉得亏欠他们吗？

余云：其实一个人在认真做一件事情的时候很难一心二用，比如当时还在"1818"的时候，可能经常一出差就一个礼拜甚至半个月不回家，那时候的确在物理空间上和家人离得有点远。

但我妈妈很支持我，她没有觉得我对不起她，而且她很骄傲。她会每天守在电视机前看我的报道，看到其中的一些特别报道，她还会和朋友、亲戚分享说"你看，余云怎么怎么样……"她很骄傲，也愿意支持我，甚至她后来愿意离开老家来杭州陪我，这真的很难。

当然我也会抓住一些空余时间和我妈妈打个电话，虽然两人见面比较少，但经常通话，至少会让她觉得我的心始终在她那里。当然有些时候真的没有办法，所以对我妈妈，我多多少少会觉得有点亏欠她。

"小飘萍"：有了女儿之后，在家庭那一面的付出可能会更多一点，您那时又进了新媒体，面对新的工作状态，您是怎么平衡工作和生活的呢？

余云：很难，但我觉得可以做到。我一直有这样一个心态，就是觉得所有的事情都能找到一个平衡点，什么"工作太忙没有办法照顾家庭"或者"因为家庭的事情牵绊了工作"，只要你平衡好，就都没有问题。但你如果问我怎么做到，可能只能凭借自己强大的意志力吧。我女儿小时候，我坚持母乳喂养。我如果出差在外，就会抓紧把工作都做完，然后半夜三四点起床给我女儿准备母乳，装起来，托人带回去。我这样一直坚持到女儿17个月大。

"小飘萍"：不会累吗？

余云：累，是真的累。但我觉得我一定能坚持。只要你有这份坚持下去的心，我觉得就不存在做不到。至少到目前为止，我没有觉得工作和生活之间一定会产生什么不可化解的矛盾，当然可能也是因为我是一个完美主义者，总想在所有事情都安排妥当之后，再去做自己要去做的事情，所以我有这个自信去把工作和生活平衡好。

新时代 多听听"00后"的意见

"小飘萍"：您觉得下一代记者应该是什么样子的？

余云：未来的记者，首先一定要用心地去爱这份事业，不要以任何的借口去推托一件事情，在没做之前就觉得做不好，对这个职业要有敬畏感，它不是为了单纯让了你能养家糊口，而是一个时代的记录者、建设者。我相信一个即使看上去很普通的现场，也能挖掘出值得探讨的新闻点。

当然在新的环境中，你们一定要关注内容发出之后的传播效果，要学会采制新闻，更要学会传播和运营自己的报道。如果你的报道没有引领社会的能力，那我觉得是失败的。

要相信，你们的创造力永远在我们之上，我们以前在做报道的时候，总是会说"多听听'90后'的意见"，现在我们做一个报道的时候都说，"多听听'00后'的意见"，这个真的很重要。我们要从你们身上学很多东西。

我相信，长江后浪推前浪，不久以后，我就不是那个最年轻的飘萍奖获得者了，会有更年轻的、从业时间更短的获奖者出现。

四、"小飘萍"心得

初见余云老师，是在互联网上搜索她的相关背景资料，当时我们就被她的专业精神所折服。令我们印象很深的是，她在温州动车事故中的报道，凌乱的发丝、嘈杂的人群、从镜头前匆匆走过的路人，余云就是在这样的一个情况下坚持到最后，虽然全程没有出镜，但是可以从她的声音中感受到她发现幸存者小伊伊的兴奋与激动。这是我们对她的第一印象：她这样的报道方式是否过于感性？

再见余云老师，是在学校的毕业作品推介会上，余云老师作为评委前来点评学长学姐的片子。她的建议给得很直白，一针见血。就像她这个人一样，非常直爽，让人觉得内心敞亮。

又见余云老师，是在访谈现场。我们跟余云老师探讨了专业性的业务问题，也探讨了报道的原则是否应该绝对理性，也聊了家庭、聊了生活，也知道了她生活中

"小飘萍"与余云
老师合影

的样子。在工作时报道新闻的镜头外，余云老师是一个很亲和、很热情，永远不会让话题冷场的人，也是一个伟大的母亲，一个略有愧疚的女儿、一个让我们受益匪浅的好老师。

跟余云老师的三次见面，每次感受都不太一样，但这都是她：感性的她、犀利的她、亲和的她，这就是余云。

五、人物评析

把新闻当作使命，用现场记录时代，以真情走进人心，始终与采访对象同频共振，这就是余云。无论做电视民生新闻，还是做新媒体，余云都脚踏泥土、手撷芬芳，热爱事业、倾情工作，以初心不变、专业至上的精神努力在自己的岗位上帮助解决社会问题，推动社会进步。这是一个浙江飘萍奖获得者用行动诠释新闻理想的真实写照，是新闻工作者建功新时代的生动典范。她是记者，也是行者，好记者的力量，在于行走，在于行动，在于脚踏实地走好每一步。

👤 **评析人**

李文冰，浙江传媒学院副院长、教授、博士生导师

王志强
我们随时准备出发

王志强，第十届浙江飘萍奖获得者

一、人物介绍

　　王志强，浙江广播电视集团总监助理、浙江电视台教育科技频道副总监，浙江电视台教育科技频道《小强热线》主持人、制片人，获第二届中国播音主持"金声奖"、第六届中国广播电视主持人"金话筒"提名奖、浙江省"德艺双馨"十佳新闻工作者、浙江省"牡丹奖"最佳节目主持人、浙江省模范新闻工作者等荣誉称号，入选浙江省宣传文化系统"五个一批"人才，第十届浙江飘萍奖获得者。

二、人物代表作

（一）代表作信息

电视栏目：《小强热线》

播出时间： 21：00—22：00

首播平台： 浙江广电教科影视频道

（二）创作背景

2002 年年末，浙江电视台教育科技频道招牌新闻栏目《走进今天》进行常规改版，在其中加入一个由户外主持人走街串巷，反映观众生活中的喜怒哀乐、大事小情的板块——《小强热线》。该节目始终坚持以人民为中心的节目宗旨，立足平民视角，体现人文关怀，为政府分忧、为百姓解难。

三、"飘萍"面对面

一件红色 T 恤，一支笔，几张放在桌上的白纸，调试灯光，测试话筒收音，当天上午 9 点，一场持续 2 小时的关乎高考志愿填报的现场直播就这样开始。每连线一个网友，王志强总是能够简洁快速地问出信息——选科、分数、排名、目标院校、心仪专业，并将有效信息记录在 A4 纸上，反复确认。在旁边的专家搜寻资料时，他也绝不让话落到地上，一边把控着直播的节奏，一边尽力安抚着网线另一端陌生却又焦急的家长，"您别着急，我们慢慢来""孩子不在您身边没关系，我们这里先按照这些信息给您列出一些学校，您记下来，回去和孩子慢慢商量"。

访谈视频

11 点，直播结束，在接受了一场 15 分钟的采访后，11 点 20 分，他紧锣密鼓地前往浙江大学完成另一个任务。17 点，王志强返回台里，开始一个新的拍摄，晚饭过后，他再次坐在镜头前，开始了长达 1 小时的人物访谈，21 点，他又开始录制《小强热线》，直到 22 点 30 分，一天的工作才算正式结束。

从电视到互联网，从大屏到小屏，这样的工作节奏，王志强已经持续了 20 年，平台和表达方式、传播逻辑在不断变化，但他与《小强热线》始终如影随形，吸引他始终在一线的究竟是什么？

和《小强热线》："做小，做强"的 20 年

"小飘萍"：您是如何成为一名记者的？您觉得吸引您这么多年始终在新闻一线的究竟是什么？

王志强：我们每一个人在一开始选择这个专业的时候，不都是按照自己最初的那个热爱选择的吗？我们在学校里面所学的那些内容，实际上都是我们对于这个职业的一个想象，但是真正开始进入这个行业之后，就会发现我们几乎是从零开始认识它。

有一位新闻前辈说，记者笔下财产万千，记者笔下毁誉忠奸，记者笔下是非曲直，记者笔下人命关天。到后来我们开始认认真真地面对记者这个职业的时候，会发现我们对它的热爱，实际上是对使命和责任的尊重。没有人热爱在狂风暴雨的时候冲到最危险的地方，没有人热爱在面对暴力的时候想要拳头招呼到自己的身上，没有人热爱在最艰苦的时候往最危险的地方冲，我们这样做只是因为我们敬畏我们肩头的责任和使命。

"小飘萍"：我们作为学生，在遇到社会民生类的选题时有时心里会有点"虚"，或者说很难走进去，我们了解到您之前有两次协助警方救人的经历，在这些过程中，有没有遇到什么困难？您是怎么做的？

王志强：做任何事情都是潜移默化的，它会有一个量的积累，然后到一个质的飞跃。你提到我曾经两次救过人，第一次的时候是在《小强热线》做了 8 个月之后，第二次的时候，是在《小强热线》做了 1 年零 8 个月之后，《小强热线》前 8 个月所做的所有东西让那个人信任我们，让他在出了问题或是心里有疙瘩的时候，认为《小强热线》是一档能够帮忙、能够相信的节目。

但是前 8 个月其实没有做出什么像样的成果，你们今天看到的是一个做了 20 年的新闻人，但在 20 年前我不如你们，我其实不太善于交流。遇到要街采的时候，我拿着话筒去街头采访，我拦住一个又一个人，被拒绝是常事，其实被拒绝三次以后，就基本上放弃了。我曾经有过很多次这样的经历，这个片子没有办法做，回来之后什么都交不出，有时候我就直接跟责编老师讲，这个片子做不好。

但是，只要你不走，就一定会有长进。一次、两次、三次，总会有人接受我们采访，总会有一两个亮点出现在我们的镜头里，那个时候告诉我，前面所有的失败都是为今天的 100 分铺垫，所以其实我们没有什么诀窍，也没有捷径。

"小飘萍"：今年是《小强热线》的第 20 个年头，从 1999 年至今，您从事电视工作已经 23 年，而其中将近 20 年的时间里，您都和《小强热线》形影不离。您觉得

《小强热线》是一档什么样的节目？这20年对您来说又是一个怎样的历程？

王志强：《小强热线》的20年，就是我的20年。

我们一直希望用最质朴的话语来表达我们生活中最为真实的那一面，但真正到达20年的时候才会发现，我们记录了这个时代发展最快的20年，只有在这档节目20年的时间节点上，我们才有资格说，它记录了一些时代的进展，而记录的方式是关注每一个普通人最正常的生活。我们每一个人在生活之中，会碰到各种各样的问题、困难、诉求、自己想要表达的感谢和感受。这些就是《小强热线》所记录下来的一个个普通人身边事，这些身边事汇聚成了我们最为真实的生活，更体现了这个时代、这个社会不断向前的脚步。

荣誉之外："我属于这里"

"小飘萍"：我们注意到，今天您从早上9点一直忙到晚上10点半，中间几乎没有太多休息的时间，其实我们很好奇的是，您在这个过程中会感到疲惫吗？甚至在这个不断重复的过程中，您可能必须要完成一些不是特别喜欢、认可的选题，您是如何面对的？

王志强：你们看到的是一天，但几乎每天如此。我以前认为，记者是冲锋陷阵、光鲜亮丽的，但实际上不是这样。我们大部分时间是像你所说的，在收集那些我并不是特别认可、特别喜欢的选题，我要完成一天的版面，我每天有一个小时的电视节目，我一定要把它的内容填满，即使今天没有新闻发生。有时很累，但第二天早上睡醒了之后，你抱怨一下，就过去了。

我们在聊某些话题的时候，会往相对沉重的话题上引，其实也没有那么沉重，有些时候我们是举重若轻的，有些时候又是举轻若重的。做新闻有时候是很快乐的，当我们表述一件事的时候，它的表述方式不一样，带给人的感受也是不一样的。新闻给予我的总基调是快乐幸福的，它带给我的愉悦感和成就感要远远多于那种沉重感。我太太也是做新闻的，如果不是这样的话，她没有办法理解我。我们也会有交流，比如说我说这句话，你要怎么问比较合适，她说你要快点问的话可能会更好。

我曾经无数次感觉到疲劳，但我从来没有想过放弃，人就是在这样循环往复、令人疲惫的磨炼中，才能拥有那些"高光"时刻，但这也不意味着我们永远都无法触碰到那种令人幸福的眩晕、那种令你内心坚定的成就和令人感到刺激和极为骄傲的时刻。

"小飘萍"：让您有那种眩晕感和成就感的往往是什么时候呢？

王志强：没有办法告诉你我印象最深刻的是哪一个时刻，但是几乎每过一个时间节点，我们回顾曾经面对和帮助的那些人的时候，都发现我们跟他们一起成长。

我曾经不止一次讲过一个故事，从去年开始做《小强说》的时候，有一个女孩通过我们的短视频平台给我们留言，她说，小强叔叔16年前你曾经帮助过我，现在我终于找到你。我们跟她取得联系之后，才发现原来在2005年的时候，她因身患眼部疾病没钱做手术而致电《小强热线》求助，后来《小强热线》帮她找到了医生，也募集到了足够的手术费用。虽然她依然看不见，但是那个眼球摘除的手术让她的外貌发生了巨大的变化。从此之后，她也改变了自己对于成长和生活的态度与认知，考上了大学，成了一个抖音博主。一个偶然的机会，她听到了一个短视频里传来的声音，是她每天都在听的《小强热线》的那个声音。

在连线的时候我问她怎么知道是我，她说我永远不会忘记你的声音。现在我们都是抖音博主，在某种程度上我们成了同行。但其实更加重要的是，这档节目在陪伴着浙江人成长，一代又一代的浙江人会因为这个节目不那么孤独，这是让我们非常欣慰和自豪的。因为有很多浙江人，他们会离开自己的家乡走到世界各地，又因为网络，他们找回了那个熟悉的声音、熟悉的节目，他们会觉得自己像回家了一样。我们非常欣慰和自豪能够成为这个角色，这背后有很多不容易，现在回想起来，我自己都不知道如何坚持下来的，但是当我们面对那一个个的结果和大家给我们的反馈的时候，我们会觉得很值得。

热爱绝不是单向的，它是双向的，你在这个行业做得好，你才会爱上它，才会做得更好。做什么不是这样？我直到现在也不敢说，我一辈子都会做传媒，但是无论面对任何事，我觉得我都可以非常认真地说现在我还在这里，因为前面20多年的记者职业生涯告诉我，我属于这里。

变与不变：以人为本，追寻真相

"小飘萍"：作为飘萍奖获得者，您会对即将踏入媒体行业的人说些什么？

王志强：不要轻易放弃。当你想要放弃的时候，或者说当你觉得自己是时候放弃的时候，就坚决一点。如果想要放弃，那就别让自己后悔，我尽了最大的努力，我清楚自己离开之后究竟要做什么，又或者是我清楚自己离开之后一定不后悔，那就走，但是在此之前，你一定要尽最大的努力，不要轻易放弃。

另外我还想说一句，做记者千万要拒绝诱惑。我们的职业使命和责任告诉你，你选择的这个职业要以德为先，可能我不知道自己要什么，但我一定知道自己不要什么。如果你选择了记者这一行，你就永远告诉自己，利益在第二位，我们写下的每一个字都关系到太多人了，我相信这是所有新一代优秀记者应该明白的。

《小强热线》是专门曝光事情的，很多人拿着现金找我，或者通过各种各样的关系要找我一起吃饭，或者打电话用我的妻子儿子威胁我。20年以来，在杭州，我几乎不逛商场、不进酒吧、不进卡拉OK，很少在外面吃，也很少有社交，所以你会发现我老待在单位，这实际上是一个自我保护，像保护眼睛一样地珍惜我们这个品牌，它已经不属于我自己，它属于我们浙江广电，属于浙江的新闻。

"小飘萍"：很多传统媒体做民生节目，他们的专业能力很强，但是从传统媒体转型到新媒体的时候，没有《小强热线》做得好，是不是因为《小强热线》无论平台怎么变，在做专业内容的时候都始终把握住了贴近性这一个点？

王志强：我觉得你说到了我心里非常认可的一点，我们变化的是平台，是表达方式，是传播的逻辑，但它有一些不变的东西：我们尊重每一个人。

我曾经在做《小强说》这个账号的时候，我们有过一个很大流量的作品，就是讲《小强热线》20年来的情况，一个小宣传片，流量非常大，涨粉也很快。很多人说我看到了我的童年，我们同事跟我讲，他说以后我们这种片子要多做，小强老师你要是有一些秀，你要是有一些唱歌的话，它的流量一定更大。后来我拒绝了，是因为我们做这个账号不是为了"小强"这个形象，而是为了浙江的每一个人，或者是从全网的角度来出发，我们关注的是那些需要我们关注的人。如果丢开了那些，我们就活不下去了。我们在做这件事情的时候，究竟是为了收获粉丝，还是为了通过这个账号找回原来我们那些最擅长的东西、最贴近的东西，我们选择了后者，因为这不是一个秀场。

我们做新闻的人永远都是藏在事实和现场的背后的，其实我无所谓我出不出现在屏幕上，但是我有所谓我在不在那个现场，这也是为什么20年后我依然会出现在台风的现场。接下来我们又准备出发了，我的车背后一直放着一件雨衣、一双雨鞋，我们随时准备出发，所谓的新媒体无非换了一个平台而已。

"小飘萍"：您刚才提到，《小强热线》其实曝光了很多的事情，也帮助了很多百姓。我们在学习新闻的过程中，常常会聊到新闻价值、新闻力量，您觉得《小强热线》的新闻力量，它是来源于哪？

王志强：我想纠正大家一个想法，很多看《小强热线》的人会说"大事小事，有事您说话"对不对？《小强热线》帮助了很多人，是的，但是我做任何一个新闻节目、任何一个新闻作品、任何一个节目的主旨是什么？是真相，是寻找它的真相，而解决问题的方法藏在寻找真相的过程中。

如果现在有观众来电，说自己在上班路上摔伤了，需要钱去治病，不知道算不算工伤，或者能不能募捐，那么我们的目的其实不是帮助他们募捐。我们首先做的是要核实他说的话是不是真实的，其次是寻找为什么会出现这样的情况，接着，根据国家工伤鉴定的标准与流程，进一步探索他的情况是否为工伤，这也是对政策的一种解读，最后才是如果能被鉴定为工伤，他将获得什么，如果不能够被鉴定为工伤，这个家庭将面临什么？他有可能获得什么样的帮助渠道？

我一直在寻找真相，但是在这个过程之中，他有可能获得的帮助自然而然就产生了，《小强热线》做的是帮助，帮助了很多人，但我们做的实际上是新闻，这是一个寻找真相的过程，所以帮助其实是一个副产品。

四、"小飘萍"心得

采访浙江飘萍奖获得者王志强老师的方案中，我们就如何构建片子逻辑、如何搭建故事框架、如何把人物立起来商量了好几轮。我们在互联网里搜寻他的信息与影像资料，看他 10 年前写的自传，努力搜集着有关他的只言片语。最终，我们决定围绕"民"和"传承"两个关键词，展开采访。

采访前一天，我们拟定了采访提纲、清点拍摄设备、确认拍摄细节，一切准备就绪。然而，在拍摄的前一天 23 点，情况突然有变。在原定的采访时间里，王志强老师需要完成一场有关浙江省高考志愿填报的直播，这也意味着我们原本商定好的 2 个小时的采访无法实施，第二天到达现场后，我们得知只有 15 分钟的采访拍摄时间。

于是，我们又连忙调整策划、修改采访问题，把原本准备的 20 个问题删减凝练成 6 个问题。11：03，王志强老师结束直播，11：08，我们架好机器，开始采访，没有寒暄，没有话家常，直切主题。时间飞逝，当我们问完第 4 个问题的时候，旁边的姐姐凑过来跟我们说，时间只够问最后一个问题了，我们一边点头，一边默默地把最后两个问题合并成一个问题一次性问完。11：20，采访结束，王志强老师立刻就要前往下一个工作地点。

当我们不断确认着王志强老师的行程安排，希望有更多机会进行拍摄时，王志强老师很配合，跟我们说，他下午六七点可能会回到台里，"如果我没有其他事，你们又有时间的话，我们可以坐下来好好聊聊。因为你们问我的问题，实际上都是网络上的资料和那一本自传，但其实很多东西，是需要在日常聊天中发现的"。

在傍晚的聊天中，王志强老师和我们聊到《小强热线》，说起这个节目实际上不只是为了帮助百姓，而是为了追寻真相，帮助是在追寻的过程中自然而然产生的。这使我们恍然大悟，帮助是我们愿意看到的，也是《小强热线》常常做的，但作为

"小飘萍"讨论采访方案

一个新闻媒体,他们更要追求的是真相,这才是每个新闻人的归途。

采访王志强老师给我们的另一个重要感悟是:从邵飘萍的"乱世济民"到如今的小强热线"帮民助民",我们发现了"飘萍"的根——人。在新闻人奔赴现场寻找真相的过程中,对每一个人的尊重、对每一件事的溯源汇聚成的新闻力量是媒体人心中的定海神针,陪伴着时代,无惧媒介变革的滔滔大海。

五、人物评析

从一个热心、正直、温暖的邻家小伙,成长为在浙江大地家喻户晓、全网粉丝量超过 1300 万的品牌民生节目主持人,王志强凭借的是由一件又一件小事、一个又一个细节组成的使命担当,凭借的是始终冲在新闻一线,用脚力、眼力、脑力、笔力堆积起来的辛勤付出,凭借的是对"真实、真诚、真情、真相"价值判断的坚守。星光不问赶路人,邻家男孩"小强"20 年如一日,以扎实的工作作风和真诚的个性魅力成就了老百姓自己的热线,也成就了自身。

⌖ 评析人

李文冰,浙江传媒学院副院长、教授、博士生导师

许 彤
因为热爱，所以热爱

许彤，第三届浙江飘萍奖获得者

一、人物介绍

　　许彤，曾任衢州日报报业传媒集团党委委员、副总编辑，第五、六届衢州市作家协会主席。二级教授，高级编辑，一级作家。毕业于杭州大学中文系古典文献专业、浙江大学新闻与传播学院研究生班。中国作家协会会员，中国文艺评论家协会会员、中国报告文学学会会员，中国作家协会九大、十大代表，浙江省作家协会主席团成员。第三届浙江飘萍奖获得者。获评首届中国报纸副刊孙犁编辑奖、全国三八红旗手、首批浙江省宣传文化系统"五个一批"人才。

二、人物代表作

（一）代表作信息

著作:《衢州有意思》

出版时间: 2021 年 6 月

出版社: 浙江工商大学出版社

（二）创作背景

《衢州有意思》是"浙江有意思"系列丛书之一，用 630 余个长长短短的段子，描绘了衢州这座城市的方方面面。"南孔圣地"的身份使衢州自带文化光环，儒学人文与神话传说交织在一起，成就了衢州独一无二的风景。这本书创作用时 2 年半，许彤在接到出版社约稿后开启了"读城"之旅，通过组织座谈会、收集珍贵资料、读书、聊天、看各地新闻等多种方式，跳出故纸堆提取"有意思"，冲进新闻圈发现"有意思"，不停地挖掘、搜索、捕捉、记录，不放过任何与衢州相关的"有意思"，最终用流畅幽默的文笔记录了衢州的城市特质、山川河流、特色文化、人文典故、特产美食，形成了近 20 万字的《衢州有意思》，展现出衢州的人文历史和前世今生。此书广受好评，多次获奖，5 次重印，荣获衢州市文艺精品"南孔奖"。

（三）代表作（节选）

衢州有意思 171（节选）

金庸曾说："我许多创作灵感来自衢州。"这话很令衢州人骄傲。金庸先生是海宁人，怎么会和衢州感情这么深？原来，抗战期间，他流亡到衢州，就读于省立衢州中学高中部（今衢州一中）。虽然不到 2 年，但他始终记得青少年时代求学、生活过的衢州。

2004 年 12 月，时隔 62 年，金庸先生应邀回访母校衢州一中。他写诗寄托对母校的深情："温雅豪迈衢州人，同学少年若兄弟。六十年中常入梦，石梁静岩夜夜心。"后来，他得知母校将新大楼命名为"金庸楼"时，专门回信感谢并题写了楼名。

"飞雪连天射白鹿，笑书神侠倚碧鸳"是金庸取自己的 14 部武侠小说书名的第一个字凑成的对联。14 个字中，有 3 个字与衢州有着密切的联系。《射雕英雄传》中的桃花岛，雏形是衢州石梁镇静岩村的溪中岛。《碧血剑》中他虚构了石梁派，书中40余处提到石梁，石梁派门人对围棋对弈也情有独钟，不少人物是衢州人，温家所在地便是远近闻名的武术村——麻蓬村，现已被柯城区打造成金庸武侠思想萌发地。在修订版中，石梁派被改名为棋仙派，所在地也从石梁镇改到静岩镇。大概是因为《碧血剑》中的石梁派作恶多端，为了不给充满美好回忆的小镇石梁"抹黑"，金大侠修订作品时就把这里一并修改了吧？

《笑傲江湖》中，令狐冲乔装成"吴天德"将恒山派弟子从魔教伏击中救出，发生在仙霞岭上。张纪中先生新版《倚天屠龙记》选景龙游，完全是金大侠的推荐。龙游石窟、龙游民居苑、龙游大竹海是新版《倚天屠龙记》的主打场景，占了8—10集的份量。

衢州有意思198（节选）

古时，烂柯山下的石室村就是著名的产酒地，张可久言"胜境藏仙洞，浩歌来醉乡"，可见此地酒名远扬。南宋诗人周紫芝的《风流泉铭序》曰："石室酒出三衢，名倾浙右。"他从衢州得到石室酒的酿法，取名为风流泉。陆游到烂柯山，饮石室酒后诗兴大发。

古往今来，许多骚人墨客寓居衢州，往往借酒宣泄情感。晚唐诗人皮日休曾来过衢州，自号"醉士"。韦庄在衢江畔辞别李秀才时，吟出"千山红树万山云，把酒相看日又曛"，与王维的"劝君更尽一杯酒，西出阳关无故人"有着异曲同工之妙。

衢州有意思533（节选）

王蒙先生来衢州，应邀为衢报副刊题写刊名，读者每周一都可在《衢州日报·人文周刊》上看到他的题词。《橘颂》也是衢报复刊以来历史最悠久的版面，从来就没有停办过。1985年初夏，撤地建市，金衢分家，衢州再次升格为地级市。三衢大地像一池滚沸的春水，到处是兴奋的面孔和新开的工地，我们的衢报也在这股汹涌澎湃的春潮中复刊。复刊后的文艺副刊，我的副刊老前辈使用《橘颂》作为刊名，让人想起屈原的"后皇嘉树，橘徕服兮。受命不迁，生南国兮……"有缘的是，我到衢报工作30多年，在多个岗位轮转，但始终不离不弃的就是《橘颂》，上面经常刊载副刊作者写的橘乡故事。在衢州人的眼里，橘子就是家乡的象征，永远的乡愁。

三、“飘萍”面对面

访谈视频

做新闻，最需要新闻敏感和好学精神

“小飘萍”：您做副刊编辑很多年，能否与我们分享一下您的创作经历？

许彤：我待过（衢州日报社）所有的部门，我是从担任校对开始的。我是我们报社第二个大学生，我师哥是第一个，比我早一年，然后第二个是我。

刚去报到，领导就给我一个“下马威”，他是江山人，带着浓重的江山口音。他说："不是说谁来都可以直接当采编人员、当记者编辑的，你先当半年的校对。"我就愣在那里了，然后一路哭着走回家。因为我觉得，好不容易衢州日报社来了个大学生，你们居然这样待我，挺难过的。

本来，当年7月份的时候，我已被分在浙江古籍出版社，跟我专业很对口，后来由于各种原因我回到衢州，选择了《衢州日报》。没办法，我说，那么就从当校对开始吧！当校对的时候，我成功做到了一件事：原来报纸错别字较多，老师是把我们报纸作为小学生挑错别字的一份教材用的。我来了以后就把错别字几乎全部消灭了。当了半年校对后，碰巧有个女同事生孩子去了，政文部少了一个人，我赶紧过去了，就像解放了一样。

我是半路出家的，没有学过新闻采编业务，一开始也没有新闻敏感性，就自己努力看了很多业务书。后来我住到了报社的单人宿舍，每天看书看到凌晨一两点。当时衢州农村流失生较为严重，我就跑遍了几个县（市、区）采访。山里面没有什么交通工具，我们一般是坐手扶拖拉机的，一边是悬崖峭壁，一边是湍急的溪流，没有柏油路，全是沙石路，一路颠簸。我那个时候瘦，体重才八九十斤，人都快被颠出去了。我称它为乡政府的桑塔纳，我那时候还写了一篇文章——《乘坐乡政府的桑塔纳行进在采访的路上》。

“小飘萍”：您做副刊，是否可以接触和挖掘很多新闻信息？

许彤：对，还有应变能力、吃苦耐劳的精神，我觉得都可以得到锻炼。做新闻的人，一定要有新闻敏感。之前我去采访一个人，那个人的同事就说，许记者来跟你聊了一个小时就走了，然后这么一大篇就出来了，我天天跟你在一起，我都没觉得你有啥特色。这就是一种抓取读者所需信息的本领。

有一次过年，我到我妈家去，我妈给了我一本复印的《护理日记》，是她的学生写的，写的是怎么样照顾老年痴呆的父亲，这位父亲原来是我们衢州市的教育局局长。我跟妈妈说，我拿回去看一下，结果我彻夜未眠，含着眼泪把这一部《护理日记》看完，从这里面发现了新闻点，最终作品拿了浙江新闻奖一等奖。这个家庭还获得了"最美浙江人·浙江骄傲"的提名。

还有一次，我坐三轮车，三轮车夫问我到哪里，我说到报社，他说我在你们报纸上发过诗歌的，我问，你发的是什么？他说叫《想飞翔的小鸟》，我说这个诗还是我编发的，你怎么骑三轮车了？他说找不到工作。当时他高考失利了，想复读，但家里很穷，他就出去打工了，出去打工之前，在火车站候车的时候，写了那几句诗歌，就投到邮筒里。我收到以后觉得还蛮有意思的，就给他发出来了，就这么一个过程。之后我和同事跑到他家里，一看家里乱糟糟的，我说："你在哪里看书写诗的？"他说在厨房里，这一边是灶头，另一边是一个小方桌，一盏 15 瓦的灯泡，房间内很昏暗。我很感动，回来以后写了一个版的《踩三轮车的诗人》，这篇报道也在全国获了不少奖。

"小飘萍"：怎样才能培养新闻敏感性？

许彤：就是要有好奇心，比如路上有一堆人围着，我要凑上去看一下到底发生了什么，打破砂锅问到底。我是永葆好奇心的，做记者就要这样。

我觉得一个人要永葆热情，如果没有热情，对这个事业不热爱，那么是做不好的。还要有感动自己的东西，首先要感动自己，才能写出感动人的作品，这个很重要。所以我一辈子就做好一件事情，就把新闻工作做好。无论是创作还是采访，我一点都不觉得乏味，我不停地在探索，我觉得我不能停下来。

"小飘萍"：您是怎样努力把一件事做好的？

许彤：就是要终身学习，永远不要停下学习的脚步，要不断吸收新知识。

新闻人要有一种敢说真话的勇气

"小飘萍"：许彤老师，您书架上《告别饥饿》这本书的观点很深刻。

许彤：这是浙江省记协副主席傅上伦送我的，对我产生了很大的影响。这本书是1980 年 4 位新华社记者重走长征路写下的，拿了中国新闻奖一等奖。书中的大部分内容曾写成"内参"，对党中央推进农村改革起过重要作用。

《告别饥饿》这本书，我折了很多角。这本书揭示了真理探索的艰辛历程，当记者就是要讲真话，你看傅主席的题词——"追求真实就是追求真理"。这句话挺好的，追求真实就是追求真理，现在最缺的就是这个。当记者要有一种历史的眼光，政治的敏锐，要敢于讲真话。

"小飘萍"：许老师平时看过的书，会不会再去拿起来反复看？

许彤：对我影响很深的书，我才会反复看。一般的话，看一遍就过去了。像这本《告别饥饿》我就经常翻出来，放在顺手可以拿到的地方。它提示新闻人，必须秉承一种精神，一种价值取向，一种敢说真话的勇气。

对工作对生活，都要有责任心和爱心

"小飘萍"：在写《衢州有意思》这本书时，您遇到过最大的困难是什么？

许彤：最大的困难就是写作时间很少、工作量很大。我先到 6 个县（市、区）去开了一个座谈会，让各地的文史专家和宣传部门的人，提供一些有意思的线索。然后，我自己列了 3000 多个关键词，一条一条写的。直到超出字数太多了，篇幅太长了，编辑叫我砍掉一些，两年间我跟出版社之间的编校有 10 个来回吧？ 3000 多条内容，最后定下了 600 多条，20 万字左右，已经超了原本定的字数。

不瞒你们说，其实我刚开始对衢州没什么特别的好感。直至后来写这本书的两年，才日益发现衢州很有意思，极大地增强了文化自信，增强了历史责任感。我觉得，真的要把衢州宣传出去，有这么多的宝贝。其实我们衢州很有家底的，老祖宗给了我们很多宝贝，我们不能藏在箱底，要亮出来，特别是要让年轻人看到，这就是这本书的作用。

"小飘萍"：对于想要加入新闻业的年轻人，您有什么建议吗？

许彤：不单单是做新闻工作，做任何事，都必须热爱。热爱是成功的敲门砖，如果自己都不热爱，你怎么去做好这项事业？很多人把新闻工作当成谋生的手段，而我把它作为毕业追求的事业，这个就不一样，因为初衷不一样，过程不一样，结果也不一样，一定要热爱，然后要坚持。

四、"小飘萍"心得

见到许彤老师前，我们从未想过年届 60 岁的她竟有着超越年轻人的体力和灿烂的笑靥。她说，大概是因为身体底子好。确实，如果一个人身体底子差的话，经历十几年日夜颠倒的工作节奏、经历丈夫离世独自抚养孩子的生活，很难有她这般状态。细想来，身体素质是一方面，心态才是关键。她的微信昵称是"惟一"，她说："不做第一，只做惟一。"她用这种心态成就了许许多多的衢州业界第一。36 年的从业历程，她见证了《衢州日报》的发展与变革，从铅字排版到激光印刷再到如今的媒介融合，她始终如一地坚持做有品质的新闻内容，并做有个性的新闻人。她说不后悔进入新闻行业，让她有热情去听闻和写作，如果当初如愿选择从事所学专业的

工作，每天戴着手套拿着放大镜整理古籍，或许自己会厌倦，但做新闻不同，新闻可以一直满足自己的好奇心和求知欲。谈到退休以后想做什么，她神采飞扬地说："要去周游世界。"

"坚持下来，最重要的是要保持热爱"这句话是在采访过程中，许彤老师反复提到的，我们也切身地感受到了她对于新闻事业的热爱。

"因为热爱，所以热爱"，对许彤老师的采访让我们更加坚定了自己对媒体行业的热爱和信心，也让我们更加期待未来的挑战和机遇。这段经历将成为我们人生中宝贵的财富，让我们在未来的道路上更加坚定和勇敢。

五、人物评析

因为想有趣，所以有意思；因为有意思，所以更有趣。许彤爱自然，爱阅读，爱行走，爱美食，尤爱读城。因为热爱，所以执着，充满坚韧，闪耀智慧，让其在人生舞台上大放异彩，恣意翱翔，激励前行。"因为热爱，所以热爱"，热爱是一个人内心最深沉持久的力量，它让我们勇敢地追求梦想，不畏困难，无惧挑战；热爱是一种坚定的信仰，它让我们始终保持初心，坚守新闻理想，为党立命、为民立言、为己立身。热爱是生命中的一束光，是人生里的一团火，我们多么需要这样一颗热爱的心，饱含深情，倾心热爱，去成就人生的精彩！

评析人

何海翔，浙江越秀外国语学院网络传播学院院长、教授

黄保才
哪里有新闻我就往哪里走

黄保才，第五届浙江飘萍奖获得者

一、人物介绍

　　黄保才，台州市新闻传媒中心总编辑，高级记者，曾任《浙江日报》驻台州记者站站长、台州日报社编委、总编助理，台州日报社副总编辑、总编辑。浙江省模范新闻工作者、浙江省宣传文化系统"五个一批"人才。第五届浙江飘萍奖获得者。

二、人物代表作

（一）代表作信息

报纸时评：《农产品拿到金奖，还需提升含金量》

首发时间： 2007 年 12 月 10 日

发表平台： 原载于《台州日报》，现收录于黄保才个人时评集《台州湾时评》

（二）创作背景

台州在 2007 年浙江省农博会上有 92 项农产品夺得金奖，跃居全省首位。《浙江日报》2007 年 12 月 5 日的一则《同样农产品身价大不同》报道引发了农民家庭出身的黄保才的思考，随即创作了这样一篇"喜中见忧"的时评报道。

（三）代表作

农产品拿到金奖，还需提升含金量

12 月 6 日闭幕的浙江省农博会上，台州共有 92 只农产品夺得金奖，73 只产品赢得优质奖，金奖数比上年增加了 6 只，跃居全省第一位。（《台州日报》12 月 3 日报道）

连续举办了七届的省农博会，我市农产品每次都表现不俗，夺金牌如探囊中之物，金奖数连续几年居全省前列。这般骄人业绩，离不开我市坚持发展以高效生态为特色的现代农业，离不开我市以创新理念推动农业发展方式转变，离不开台州农民敢闯敢冒、奋力争先的精神特质。

这么多的农产品获得农博会金奖，可喜可贺，但《浙江日报》12 月 5 日的一则《同样农产品身价大不同》报道，引发了笔者的一番思索。报道称："在省农博会上，台湾蜂蜜一二百元一罐，而浙江蜂蜜才十几元一瓶；浙江柑橘论箱卖，而台湾甜柿论个卖……"尽管文章未直接拿台州农产品与台湾的作比较，不过言下之意，在于揭示了包括台州在内的大陆农产品，还难以与农业发达的台湾地区农产品相匹敌，前者在品质、价格、包装等诸多方面与后者相去甚远。由此笔者提出，台州农业欲在更高的平台、更大的舞台上有所斩获，亟需提升台州金奖农产品的含金量。

这"含金量"，就是以高品质赢得大市场，以高价位彰显高价值，真正为农民增

收拓宽渠道，夯实基础。我们常说"金奖银奖不如百姓夸奖"，农产品能否实现优质优价，归根结底要看是否经受得住竞争激烈的市场洗礼，是否真正受消费者青睐。在各类政府和民间组织的评奖活动中获奖，只是说明问题的一个方面，仅在营销上起到辅助性的推动引导作用。随着经济社会发展和生活水平提高，人们对农产品的需求量大了，品质要求更高了：口味要佳，营养要丰富，还得绿色无公害，甚至是天然有机的。符合这些条件的农产品品牌，才能打得响，打得久，才能真正提高含金量。一言以蔽之，品质高低决定农产品含金量多少。

提升农产品的含金量，靠的不外乎是"天时、地利、人和"。天时，即地方的气候条件；地利，即土壤条件和区位优势。"橘生淮南则为橘，生于淮北则为枳。"调整和敲定我市发展农业的主攻方向，要因地制宜，审时度势，如此可起到事半功倍的效果。人和，即一支专业化程度较高的职业农民队伍。据《浙江日报》报道，在台湾，农民的职业意识极高。"大家都一门心思把自己的产品做成第一，在育种、栽培、管理上都十分下功夫。因此品质在竞争中逐年提高。"

提升农产品含金量，关键是事在人为。我们倡导农业标准化、产业化，培育的农产品拿到了农博会的金奖，但我们不能躺在一块金牌上睡大觉，应该从更高的视角、更阔的视野上审视自己农产品的不足，取长补短，通过不断提升农产品品质来保护金牌，张扬品牌。这需要我们蹚出一条农业专业化的道路。时下，从更高要求看，台州农业还不够专业。"市场上什么好卖，就种什么"，这话当然不错，但今年好卖的，明年不一定俏销，调整农业产品结构永远处于被动应对状态，农民往往无所适从，"这山望着那山高"。其实，消费者对农产品的需求多种多样，但品质上乘，谁种最好，就可能最受欢迎，这是农产品市场的不二法则。应该让农民懂得"什么种得好，市场上才好卖"。随着农业产业链的延伸和分工的细化，农民的职责就是心无旁骛，以执着的精神，依靠科技等手段种植生产优质农产品。而这，需要政府引导、培育一支高素质的专业化职业农民队伍。

三、"飘萍"面对面

"小飘萍"：您进入新闻行业的契机是什么？

黄保才：我是杭州大学中文系89级的学生，1993年毕业的，自己对文学、写作和新闻报道非常感兴趣。大三的时候，我在《浙江文艺报》实习了一年，我比其他同学实习多半年。这一年中，我既当记者，

访谈视频

又当编辑，一个月，我一个人可以把一张报纸都编下来，我除了采与编之外，还尝试写一些影评、游记，放在副刊发表，评论就放在评论的栏目里发表，这样呢，就积累了很多自己的稿件。这一年的实习对我的影响非常大，一方面有了积累，另一方面，自己萌生了更多对新闻的兴趣。所以找工作的时候，我当时就想着找个报社，很顺利地找到了《萧山日报》，一直就没离开过这个岗位。

"小飘萍"：刚才您提到年轻时一个人编一张报纸的经历，您从事这么多年采编工作，有没有遇到困难的时候？

黄保才：当然有啊，参加新闻工作就是一个不断学习的过程。我工作这么长的时间，一直秉承着"新闻干预社会"的理念，所以我非常喜欢做舆论监督的报道。我是台州人，但我工作的第一站是《萧山日报》，自己一个人在萧山，也是无牵无挂的，当时也没结婚，就经常去找一些舆论监督、批评报道的题材。

当年，《萧山日报》有一个《广角镜》栏目，刊登一些舆论监督类新闻，我当时获得一个群众提供的新闻线索，萧山党山镇有个农贸市场，这个农贸市场有一个"市场恶霸"，经常白吃白拿。我就想着采条新闻把它编发出来，来到现场经过采访，发现情况确实比较严重，我就写了新闻，也通过编辑部审核发出来了。结果第二天这个人就带着自己的老婆孩子到报社来讨说法，说我写的报道给他造成了不良声誉，意思是自己没饭吃了，就把家人带到报社来不走了。当时的领导一方面让我回避，另一方面也去调查验证，好在第三天这个人被派出所拘留。这个事情对我最大的启发，就是新闻要基于事实，虽然新闻不可能做到每个细节都很完整，但要最大程度接近真相。

"小飘萍"：您这些年发表了很多作品，比如《台州湾时评》《有稽之谈》等，您最满意的是哪一篇作品呢？

黄保才：我觉得新闻作品它有几个境界，最高境界的就是推动法律法规的完善。我的新闻生涯中有一组报道，大概是 2005—2006 年发表的，就是台州的农民专业合作社调查，它的主标题是《让农民真正成为市场主体》，这一组系列报道，我自己感觉非常有影响力。为什么这么说呢，因为当时全国还没有农民专业合作社相关法律，浙江省当时也没有农民专业合作社的条例，但当时台州农民专业合作社发展得非常快，量大、面广，同时发展的质量也很高。我们当时就抓住了这个新闻热点，做了一组新闻报道，后来这组报道被评上了浙江省新闻奖一等奖，同时也为浙江省制定农民专业合作社的法律提供了素材，所以我感觉这组报道带给了我很大的成就感。

"小飘萍"：我们在前期做案头调研的时候发现，您平均每年都有近百篇的评论发表在各个刊物上，想问一下您是如何保持这种创作热情的呢？

黄保才：我一直秉承着这样一个理念，新闻报道的是事实，但是影响人的一定是观点。所以从某种意义上来说，新闻它既是客观的，又可能是主观的，我们为什么要做新闻，难道只把这个事实给传递出去就完了吗？其实不是的，在我们强调的"四力"当中，我觉得"引导力"是最关键的一个。那么时事评论这个题材，比较活泼，写起来也比较得心应手，所以我就选择做时评，并且我现在出去采访的机会并不是很多，在做编辑工作的同时，我还是有点时间的，在平时遇到好的新闻稿件时，会萌发一个新的观点，那我就通过查找资料，就把它写出来了，一般两三个小时我就可以写一篇，这样就形成了我的一个习惯。

我曾经讲过，评论实际上就是对新闻报道的一个提升，还有一个平衡的作用。我举一个简单的例子，台州市每年在省农博会上，都会拿到很多金奖，但是咱们知道，老百姓的口碑好，农产品的安全质量好，那才是真的好，所以我当时就借这个获奖题材写了一篇评论，核心的意思就是"金杯银杯不如老百姓的口碑，金奖银奖不如老百姓的夸奖"。此外，评论还有舆论监督的作用，我会围绕某一些社会不良现象进行批评，相关方就会把老百姓没办好的事情办好。

"小飘萍"：您从业这么多年达成了很多的成就，但是对于很多行业新人来说，面对现实的无力感比较强，成就感偏低。请问您认为该如何去减小新闻理想与现实的落差的呢？

黄保才：新闻人是要有新闻理想的。我们那个年代跟现在不太一样的是，在那个年代能看到自己的文字变成铅字，在报刊上发表，对于我们来说有很大的成就感。

新媒体时代、互联网时代，有人说面临怎么坚持新闻理想的问题。其实对我来说"坚持"这两个字是不存在的，因为我就喜欢做记者。而且记者要跟各行各业的人打交道，这是一个能让自己不断学习充实的过程，当记者的时候我是很纯粹的，你说怎么去减小这种落差，我就是做24小时的记者，哪里有新闻我就往哪里走。

"小飘萍"：您前面提到了新闻真实性的问题，我们常说"真实性是新闻的生命"，而在瞬息万变的新媒体时代，时效性被更加重视。以您的从业经验来看，当下记者该怎么做到真实性和时效性的平衡？

黄保才：这个就是对我们新媒体时代记者能力的考验，我认为时效性是要服从于真实性的，不能"捡到篮里就是菜"。如果对事件没有一个准确的报道，那对于公众来说就是一种误导。我们做新闻的人，一个是领悟力，另一个就是判断力，这两种能力非常的重要。对于这个事件背后的事实，你应该有一个准确完整的把握。现在出现了很多反转新闻，这个就是我们做新闻的人应该规避的，这也是对记者的基本功的考验。

"小飘萍"：您对年轻一代新闻人有什么寄语吗？

黄保才：做新闻要基于自己的兴趣，骨子里要喜欢。在岗位上，还要做到守正、创新，碰到什么问题要结合当前新媒体的发展态势，要敢于突破、敢于出圈。

"小飘萍"：如果能回到过去，您会做些什么？

黄保才：我觉得我回去会读更多的书，站在更高的位置，通过采写更好的作品，去引领、推动这个时代的发展。不忘初心，一路前行。

四、"小飘萍"心得

初次见到黄老师是在一个敞亮的小会议室，黄老师刚刚结束一场会议，略带疲惫地推门进来，"你们需要什么跟我说就好，我尽力配合"，采访拍摄就这样开始了。一开始还有些腼腆的黄老师，后面在聊到从业经历和采访故事时开始侃侃而谈。讲到刚从业不久就面对恶霸威胁时，他说，"采访一定会遇到困难，但我们不能因为畏难就临阵脱逃"；讲到带领团队撰写的系列报道能为浙江省农业合作社条例提供素材时，他说，"能够为老百姓作贡献，是很有成就感的一件事"；讲到新闻的舆论监督和批评作用时，他说，"金杯银杯不如老百姓的口碑"。所有这些故事都让我们看到了一位资深新闻人对写作、对新闻行业以及对人民的赤子之心，他对于新闻社会价值的坚守以及走在第一线的精神都是我们青年新闻人应该学习的品格。

由于台州日报社近日刚搬到新办公楼，为了多拍些素材，我们去了台州日报社

"小飘萍"与黄保才
老师合影

位于台州老城区的旧址。在黄保才老师以前的办公室里，我们看到了他满满当当的藏书，书柜里摆满了书籍和报刊，办公室的地上也错落地放着一排排的书，桌子上也堆成了一座座"书山"。在办公室，我们找到了黄保才老师写的《台州湾时评》和《有稽之谈》，简单翻阅后，能感受到黄保才老师多年工作累积的"新闻力量"。无论是基层的社会新闻，还是下乡村的农业报道，抑或是繁多的民生新闻在书中都能找到，台州市多年来的点滴被黄保才老师以另一种视角记录了下来。

在采访过程中，我们还了解到黄老师对于新闻质量的坚守。他强调了事实核查的重要性，以及对于真相的不懈追求。这种坚定的态度让我们深感敬佩，在当今社交媒体时代，虚假信息和谣言四处蔓延，而新闻工作者的使命就是在这个信息污染的海洋中捍卫真相。

另外，黄老师对于技术的积极态度也让我们印象深刻。他认为，新闻行业需要不断进步，需要与时俱进。在数字化时代，新闻传播已经发生了翻天覆地的变化，而适应这种变化是必须的。黄老师的团队正在积极采用新技术，将新闻内容更好地传递给读者，这种创新精神值得我们学习。

黄保才老师的采访经历让我们深刻感受到了新闻从业者的使命和责任。他是一名关心人民、关心底层群众的记者，也是一名有着几十年工作经验的老编辑。他的坚持、他的热情、他的创新，都是我们年轻新闻人的楷模。

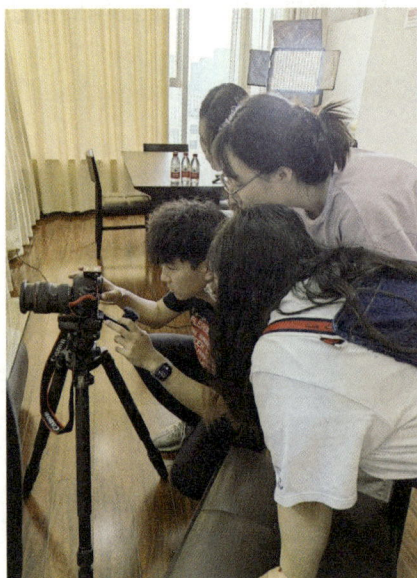

"小飘萍"在采访拍摄现场

五、人物评析

"观乎天文，以察时变；观乎人文，以化成天下。"在台州市新闻传媒中心总编辑黄保才身上，新闻理想仿佛有了具象化的体现。怀揣着对新闻行业的赤子之心，在杭州大学中文系毕业实习期间，他既当记者又当编辑，一个人就能编出一张报纸；秉持着"新闻干预社会"的理念，他年均发表近百篇评论，用春风化雨般的文字凝心聚力。笃行致远，黄保才以老一辈新闻人踏实、肯干的性格底色诠释着"哪里有新闻就往哪里走"的纯粹热爱；创新求变，"敢于突破、敢于出圈"是他的人生写照，亦是他对新闻后辈的寄语与期望。

评析人

李蓉，浙江工商大学人文与传播学院副院长、教授、硕士生导师

何百林
每一个文字都要经得起历史检验

何百林，第十三届浙江飘萍奖获得者

一、人物介绍

何百林，曾任《金华日报》文化理论采访部主任，现为浙大城市学院新闻与传播学院教师、高级记者，曾先后在《金华晚报》要闻部、《金华日报》义乌新闻中心工作。浙江省宣传文化系统"五个一批"人才、金华市拔尖人才。新闻作品获中国新闻奖4件、浙江省新闻奖12件。第十三届浙江飘萍奖获得者。

二、人物代表作

（一）代表作信息

通讯:《"我在中国社区矫正的日子"》

首发时间: 2017 年 6 月 5 日

首发平台:《金华日报》

（二）创作背景

这是一篇将新闻视角对准境外社区服刑人员这一特殊群体的新闻作品,客观、公正、深入地报道了境外社区服刑人员在中国接受社区矫正。义乌是浙江省接收境外社区服刑人员最多的城市,也是全国接收境外社区服刑人员最多的县级市。2017年 6 月 5 日,《"我在中国社区矫正的日子"》在《金华日报》3 版以超过半版的篇幅刊发。在一些西方人士始终对中国司法公正抱有偏见的大背景下,这篇作品具有特殊的现实意义。稿件见报后,搜狐网等多家媒体进行了转载,时任司法部主要领导对这篇报道给予充分肯定。2017 年 6 月 6 日,司法部官方微信以特稿的形式,全文转发了这篇稿件,并在文末注明稿件来源为《金华日报》。

（三）代表作

"我在中国社区矫正的日子"

义乌是我省接收境外社区服刑人员最多的城市,也是全国接收境外社区服刑人员最多的县级市。经过 10 多年探索,义乌的境外社区服刑人员社区矫正工作走在了全国前列。

最近两个月,记者与公益律师、社工一起,多次对义乌的境外社区服刑人员进行走访,听他们讲述自己在中国接受社区矫正的经历和感悟。严肃、公正,又不乏人性化关怀,是他们对中国司法的一致评价。

故事一: 古斯的两个困惑

"为什么有人那样做了没有受到惩罚,我那样做了却被判刑?"上周四下午,在义乌城区一幢商务楼,前来走访的公益律师陶旭明刚落座,一旁的古斯就小心翼翼地发问。

古斯是伊拉克人，已在义乌经商 10 多年。他的妻子是中国人，目前和他一起在义乌做生意。

2014 年 10 月，古斯因买卖国家机关公文罪（买卖报关单），被判处有期徒刑二年，缓刑三年。之后，他在义乌接受社区矫正。

对于判决结果，古斯有些不解：当时并非他一个人买卖报关单，为什么一定要抓他？

古斯的另一个困惑是社区矫正期间不能离开义乌，这给他的生意带来一些不便。

前几天，一名外地客户要与古斯当面谈生意。本来应该古斯去见客户，由于他不能离开义乌，只好请客户来义乌。

"我愿意接受社区矫正，但为什么不能离开义乌？我认为自己不离开中国就行了。"古斯说。

对于古斯的两个疑问，陶旭明作了耐心解答。他说，不管是中国人还是外国人，只要触犯中国的法律，都会受到惩罚，暂时没有被司法机关发现的犯罪行为不等于不会受到惩罚。至于社区矫正期间不能自行离开义乌，这是对所有社区矫正人员的统一要求，不存在国籍歧视。如果确实有事需要临时离开义乌，经社区矫正执法部门批准后，可以离开。

对于陶旭明的解答，古斯非常满意，表示自己会用心矫正，争取早日回归正常生活。

记者从义乌市司法局获悉，在社区矫正期间，相关部门在不违反规定的前提下，多次对古斯给予人性化关怀。

比如，社区矫正人员原本要佩戴具有定位功能的电子腕带。后来古斯提出，自己经常同客户见面，佩戴电子腕带会让客户用异样的眼光看他，能否不佩戴电子腕带，改为增加当面报告的次数。出于人性化考虑，相关部门同意了他的请求。

今年 5 月底，古斯的儿子生病要去杭州就诊，相关部门及时批了 5 天假。儿子病愈后，古斯按时回到义乌。

义乌市司法局社区矫正执法大队大队长骆跃军：在义乌接受社区矫正的境外社区服刑人员中，古斯的两个疑问有一定的代表性。法律面前人人平等，对于在中国接受社区矫正的境外社区服刑人员来说，首先要端正态度，自觉遵守中国法律。

故事二：佳奇的心愿实现了

去年 6 月，印度客商佳奇因销售假冒注册商标商品罪，被判处有期徒刑一年零十个月，缓刑二年零六个月。去年 7 月，他开始接受社区矫正。

像古斯一样，因为平时不能自行离开义乌，佳奇的生意也受到一定影响。

"不过，与在监狱服刑相比，社区矫正自由多了。对此，我已经很满足了。"佳奇说。

在社区矫正期间，佳奇唯一放心不下的是远在印度的妻子和3个孩子（大的5岁，另外一对双胞胎3岁）。今年4月初，记者和社工第一次上门走访时，佳奇说得最多的是对妻子和孩子的思念。

佳奇被判刑后不久，妻子和孩子因签证到期回到印度。尽管后来可以再次办理签证，但每次的来华时间只有一个月，且往返一次要花数万元。为了节约开支，他只能每天通过微信视频与家人聊天，以慰藉自己的思念之情。

"刚回印度时，3个孩子经常在视频里问：'爸爸，你什么时候回家？'我总是开玩笑说：'你们给爸爸寄一张飞机票，我就回家了。'后来，孩子们又问：'那我们什么时候能来义乌？'我说：'等爸爸有钱给你们买飞机票了，你们就来义乌。'后来，妻子怕我伤心，就不让孩子们问这些问题了。"佳奇说。

说到动情处，他强忍住自己的情绪，但神色黯然。

4月初的那次走访后，佳奇的心愿被及时转达给义乌相关部门。之后，义乌市司法局、出入境管理局结合佳奇社区矫正的表现，积极为他的妻子、孩子来义乌提供便利。

上周，当记者再次随公益律师、社工到佳奇家里走访时，他的妻子和3个孩子已到义乌。

"这次妻子和孩子来义乌，除了正常的一个月时间，还可延期一个月。非常感谢中国的司法、外交等部门给予的帮助。"佳奇说。

义乌市司法局社区矫正执法大队大队长骆跃军：在社区矫正期间，佳奇严格遵守各项规章制度，思想认识到位。接下去，义乌市司法局将会同相关部门，为佳奇的妻子、孩子继续留在义乌提供便利。

故事三：欧力的中国"海淘梦"

目前，在义乌接受社区矫正的5名境外社区服刑人员中，来自土耳其的欧力最年轻。

欧力今年28岁。5年前，他第一次来中国。刚开始，他在杭州、台州等地。后来，他觉得在义乌做生意机会更多，就一直留在义乌。

2015年3月，欧力因销售假冒注册商标商品罪，被判处有期徒刑二年，缓刑三年。之后，他开始接受社区矫正。

对于判刑这件事，欧力已能坦然面对。"既然事情已经发生了，就要勇敢地承认错误，并从中吸取教训。"欧力说。

欧力在土耳其有一名合伙人，主要负责销售；他负责在义乌采购，每月的采购额只有两三万元，商品通过国际邮件的方式运到土耳其。

用欧力自己的话说，其实他是一名中国"海淘"。由于是小生意，他在中国的"海淘"生活过得并不宽裕。

欧力父亲的身体不好，弟弟妹妹还在上学，一家人的经济压力很大。欧力出事后，需要一些钱处理案件。由于家人和亲友都帮不上忙，他只好卖掉土耳其的唯一一套房子。

现在，欧力每天都在努力工作。白天，他到义乌市场采购产品；晚上，他到一家餐厅打工。如今，他每月收入稳定，还经常给家人寄一些钱。

欧力接受社区矫正后，父亲很担心。每次欧力打电话回家，父亲都会问："有没有人欺负你？有没有受到不公正待遇……"

"每次父亲问问题，我都会笑起来。因为来中国后，从来没有中国朋友欺负我。即使在我出事后，从进看守所到法院审判，再到现在的社区矫正，中国的相关部门既做到了严肃、公正，又坚持文明执法，在生活上很关心我。"欧力说。

欧力告诉记者，等社区矫正期满后，他打算在义乌开一家外贸公司，继续在中国创业。

"我喜欢义乌、喜欢中国。我打算再奋斗三五年，在义乌买一套房子。如果有缘分，我还希望娶一个中国姑娘，把家安在中国。"记者离开欧力的住处前，他有些腼腆地说出自己的梦想。

义乌市司法局社区矫正执法大队大队长骆跃军：针对境外社区服刑人员的语言沟通、文化差异、法律背景等特殊情况，义乌大胆实践，成功探索出境外社区服刑人员社区矫正的义乌模式，并得到司法部、外交部的充分肯定。目前，相关部门正在总结义乌的境外社区服刑人员社区矫正工作经验。

（出于人性化考虑，文中3名境外社区服刑人员均使用化名）

三、"飘萍"面对面

访谈视频

记者要学会做有心人

"小飘萍"：您觉得做记者最重要的素质是什么？

何百林：学会做有心人。做有心人，才能获取更多的新闻线索。记得刚当记者时，我是一名热线记者。只要每天守着热线电话，就有热心市民源源不断地打来电话报料，获取新闻线索并不难。后来，随着融媒体时代的到来，"热线不热"成为传统媒体普遍面临的一大问题。在这样的情况下，记者除了要主动拓展信息接收渠道，还要坚持深入一线，学会从生活中发现新闻线索。在日常生活中，人们更愿意与有心的朋友交往，有心的记者自然能得到更多有价值的新闻线索。

也只有做有心人，才能写出闪光的稿子。做有心人，就是要认真对待每一篇稿子，将客观、准确、真实放在重要位置，认真核对每一个细节，力求稿件的每一个字都经得起推敲。

"小飘萍"：您采写的《"我在中国社区矫正的日子"》获得第二十八届中国新闻奖一等奖，您能跟我们分享一下创作体会吗？

何百林：还是要做有心人。2017年4月初的一天，我接到义乌市外来民工法律援助工作站负责人陶旭明打来的电话。他刚接到一项任务：帮义乌市司法局拍摄一部反映境外服刑人员在义乌接受社区矫正的视频。这部视频是浙江省司法厅指定义乌市司法局拍摄的，其目的是通过境外服刑人员在义乌接受社区矫正的真实案例，客观展示中国司法特别是中国涉外司法的公平公正。由于时间紧、任务重，陶旭明邀请我参与视频拍摄文本的起草工作。

在之后的视频拍摄文本起草过程中，我进一步了解到，义乌既是我国常驻外商最多的县级市，也是全国接收境外社区服刑人员最多的县级市。自2006年接收境外社区服刑人员以来，义乌的境外服刑人员社区矫正工作一直走在全国前列。在帮忙的过程中，我做到了"有心而为"，这才有了后来的《"我在中国社区矫正的日子"》一文。

做有心人，让找把握住了难得的采访机会。在参与起草视频拍摄文本期间，我对义乌境外社区服刑人员相关情况有了初步了解，意识到这一特殊群体背后一定有着许多不为人知的故事。在查阅多方相关资料后，我发现此前国内关于境外社区服刑人员的新闻报道并不多，且多数只是写单个境外社区服刑人员或在写其他内容时说到境外社区服刑人员。于是，我决定采写一篇专门报道境外服刑人员群体在义乌接受社区矫正的深度稿。

在之后的近两个月时间里，我以志愿者的身份，多次跟随法律志愿者，对所有在义乌接受社区矫正的境外服刑人员进行上门宣教，并在力所能及的范围内，积极为境外服刑人员提供相关帮助。由于之前已经建立信任关系，采访进行得十分顺利，3名被采访对象也向我敞开心扉，畅谈了自己的违法经过，以及在中国接受社区矫正的亲身感受。采访过程中，3名境外服刑人员说得最多的就是感谢。他们说，来中国前，他们曾听到一些人说中国司法如何如何不公正。这次接受社区矫正后，他们对中国司法有了更真切的了解，也亲身感受到司法部门的公正执法和人性化关怀。

回顾《"我在中国社区矫正的日子"》的新闻线索获取及具体采写经过，"有心"一直贯穿始终。对于一名记者来说，在日常工作和生活中既要"有心栽花"，也要"有心插柳"，因为机会往往只垂青"有心"之人。

记者要认真对待自己的每一件作品

"小飘萍"：在您所有作品里，您非常满意的是哪一件？

何百林：非常满意的没有，因为新闻本身就是一种遗憾的作品，如果用现在的方式，换一种手段、渠道可能会写得更好，还有些地方可能会更完美。但是，新闻本身就是一种历史，只能在非常有限的时间、有限的条件把信息、新闻捕捉下来，然后写出来，所以说要非常完美是没有的，现在回过头看我获中国新闻奖的作品，也还有一些缺点，还需要提升。

"小飘萍"：您会把自己的每一个作品都按照中国新闻奖的标准来要求自己吗？

何百林：要求每一篇稿子都像获奖稿子那样是没必要的，但任何一篇稿子都不能随随便便写。我们做报纸的人，白纸黑字，只要你的名字印上去了，就要对每一个文字负责。任何一篇稿子，哪怕是100字的稿子，只要署了自己的名字，我们都要认真对待。每一个文字、每一幅图片都要经得起历史的检验，经得起读者的质疑，这个会成为一种职业习惯。

比如在《"我在中国社区矫正的日子"》一文的写稿期间，鉴于这篇稿件的敏感性，我先后让集团领导、司法部门和参与上门宣教的法律志愿机构帮助审核把关，又请3名被采访对象对稿件内容进行认真核对，在综合各方意见的基础上，我再次对稿件进行修改补充，做到字斟句酌、准确无误。在处理版面上的一张走访照片时，尽管3名境外社区服刑人员同意接受采访，但出于尊重被采访对象的考虑，美编人员对被采访外商及其孩子的眼部进行了马赛克处理。版面清样后，我仍然不放心，又请教了专业律师和司法部门的专家。律师和专家认为，仅对眼部作马赛克处理，熟

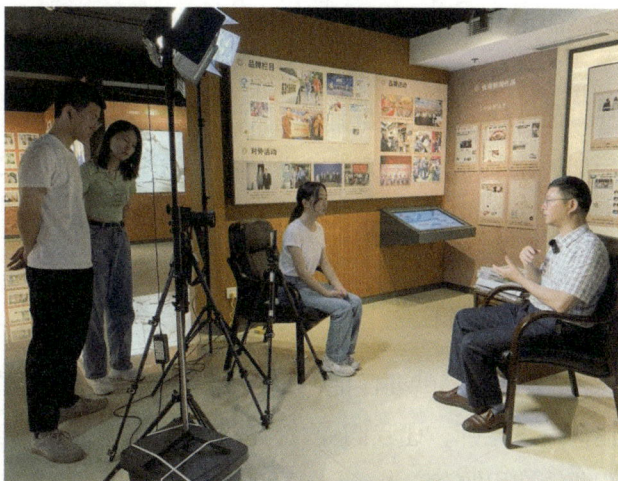

"小飘萍"在采访何百林老师

悉的人可能还是会辨认出被采访对象。为避免涉及肖像权、隐私权及未成年人保护等方面的问题，我又对被采访外商及其孩子的整个脸部作了马赛克处理，之后再重新清样。稿件见报后，这样的人性化处理获得了有关方面和境外社区服刑人员的称赞。

"小飘萍"：您 2017 年写的稿子《全球最大小商品城何以三十年兴盛不衰》，在当时赢得社会广泛关注，您是如何策划的？

何百林：义乌中国小商品城是全球最大的小商品批发市场，新闻关注度非常高。义乌市场，它又是伴随着各种质疑、各种唱衰一路发展的。它这种抗风险能力超乎我们很多人想象。它为什么在各种质疑和唱衰中还能够发展？我一直在想这个问题，很想通过一个记者的角度去解读。以前我有很多答案，比如说靠产品质量等等。但是我觉得那些答案不足以来真正解读义乌市场 30 年繁荣的原因。2016 年，一个偶然机会，我了解到中宣部要在义乌开一个关于全国诚信市场的现场交流会，我突然就想到了，义乌市场 30 年繁荣的真正原因还是靠诚信经营，所以就提前谋划，深入采访，完成了这篇稿子。在现场交流会召开当天见报，先后被光明网、中国经济网、搜狐网、世界浙商网等诸多权威网站及新媒体平台全文转载。

"小飘萍"：说到新媒体，您如何看待媒体融合？

何百林：作为一个报社的记者，要用心触摸时代发展的脉搏，要非常坦然、而且是非常主动地去接受时代的变化。传统媒体和新媒体，其实没有那么明显的一个界限，《金华日报》就一定是传统媒体吗？报纸是传统的媒体方式；但是我们也有新媒体，我们的新媒体也做得很好。新媒体它某种意义上是一种手段，是一个新的思维。把十几年的纸媒从业经验、专业素养与新媒体的技术手段结合，纸媒的媒体融合之路就能走得成功。

"小飘萍"：您想对"小飘萍"们说些什么？

何百林：行业需要优秀的人才，有优秀的人才，才有优秀的行业。希望大家毕业后加入这个行业，让我们成为同行，这个行业有很多志同道合的人；希望大家练好基本功，多学多思，不怕苦累和犯错，勤能补拙；希望大家待人真诚，与人为善。

四、"小飘萍"心得

"署上姓名就要保证每一个文字都经得起历史的检验，经得起读者的质疑。"对话何百林老师，让我们受益良多。其中印象最为深刻的是他热爱新闻、追求卓越的职业精神和做有心人、一丝不苟的职业态度。

在面对面采访何老师之前，我们是通过读他的稿件认识他的，何老师的文稿既专业老练，又朴实诚挚，字里行间，能读出何老师对待采访倾注的心血和工作的勤恳。见字如面、见面如字，与何老师对话，随时都能感受到他的不骄不躁、勤奋刻苦、真诚谦和与自信从容。作为一名4次获中国新闻奖、20多次获浙江省新闻奖的资深记者，他始终如一，求真务实，对待每一次策划采访，长达数月的准备，甚至长至一年的跟进；对待每一篇稿件，至少三倍的采访量，仔细推敲，反复求证。在互联网高度发达的今天，信息传播的便利快捷使得新闻的真实性或真相似乎贬值了，而何老师的坚守告诉我们，新闻的价值就在于真，在于实，让文字对历史负责，对时代负责，这正是"探求事实不欺阅者"和"惟有奋斗，决不退让"的邵飘萍精神在新时代的延续。

"小飘萍"与何百林老师合影

五、人物评析

从《金华日报》高级记者何百林的身上，可以看到一位有心人在新闻职业中的不懈努力和坚持。从当热线记者，到参与社区矫正视频拍摄和文本起草，再到深入采访境外社区服刑人员，他展现了决不轻言放弃、挑战自我的态度。他所完成的不仅仅是具有深度和影响力的新闻作品，更是一次次体悟人性的探索。"既要有心栽花，也要有心插柳"，何百林在基层奔走的脚步从不停歇，不仅为新闻事业注入了更多的温情和能量，也让我们看到，在做好新闻的路上，总有一份初心值得坚守，总有一束光值得追寻。

评析人

李乐，宁波大学人文与传媒学院执行院长兼新闻传播学院院长、教授。

本章思考讨论

1. 在数字化和远程报道日益普及的今天，新闻工作者的"脚力"——深入新闻现场的能力是否仍然至关重要？新闻工作者应如何通过提升"四力"——脚力、眼力、脑力、笔力来更好地履行职责？

2. 在新闻报道中，专业精神是新闻工作者必须坚守的核心价值之一。请分析在数字化和社交媒体时代，新闻工作者如何能让专业精神适应新的传播环境和受众需求，同时保持报道的质量和公信力。

第三章

扎根基层

传承匠心

CHAPTER 3

扎根基层　传承匠心

CHAPTER
3

金小林

用匠心做有力量的新闻

金小林，第十四届浙江飘萍奖获得者

一、人物介绍

金小林，丽水市新闻传媒中心编委兼日报编辑部主任、高级记者。丽水市绿谷英才宣传文化领军人才，丽水市宣传文化系统"四个一批"人才，共286件作品获市级以上新闻奖，其中浙江省新闻奖一等奖6件、中国城市党报新闻奖一等奖5件。第十四届浙江飘萍奖获得者。

二、人物代表作

（一）代表作信息

报告文学:《孤儿与父债》
首发时间: 2015 年 12 月 18 日
首发平台:《丽水日报》

（二）创作背景

2015 年 12 月中旬，记者金小林了解到丽水市云和县中等职业技术学校高二学生叶石云 6 年前双亲先后去世，家里欠了很多债，家中唯一的亲人爷爷已经 80 多岁。6 年来，叶石云一边读书一边捡垃圾、打工挣钱，不仅还清了所有的欠款，还当选了学校的学生会主席。

认真分析后，记者认为孤儿叶石云的身上，有许多值得挖掘和宣传的正能量：一是诚信担当。虽说父债子还没有法律依据，但他却毅然替父还债。二是自强自立。许多同龄人还在过着衣来伸手饭来张口的日子，他已经开始挣钱还债并照顾爷爷。三是品学兼优。他不仅懂事坚强，同时成绩优秀、综合素质高，是学校的学生会主席。

随后，记者和通讯员一起 3 次深入叶石云的学校、老家以及打工地采访，走访了村民、老师、同学、亲人、邻居以及他的债主等共计 50 多人。由于采访深入，了解的细节非常丰富。为更加细腻地体现主人公的诚信品质，记者采取了报告文学的写作手法。《孤儿与父债》初稿写成后，记者多次向部门同事、专家以及领导征求意见，并反复修改。

同时，为进一步弘扬正能量，在该报告文学刊发的当天，记者还采写了消息稿件《几十笔债无一借条主动上门寻找债主（引题）云和"信义孤儿"六年替父还债三万元（主题）》在当天的《丽水日报》头版刊发。

（三）代表作

孤儿与父债（节选）

这是双亲离开后的第七个冬天。

绵绵的冬雨日复一日，让人觉得烦闷。

可每天清晨睁开第一眼，阳光总能穿过云层和雨帘，如约照进叶石云的心里。

暖暖的。亮亮的。

冬去春来，待到明年3月，叶石云将迎来18周岁的生日。他已经为自己备好了一份特殊的"成人礼物"——

兑现6年前许下的诺言！

…………

寻债

2009年的冬天，叶石云觉得特别冷。已历经无数个寒冬的爷爷，同样感到寒风刺骨。父亲在秋天去世，爷爷直到腊月才知道。

年初时，父亲从邻村抓了猪仔回家饲养。尽管那时母亲早已不会料理猪食，忙碌的父亲仍固执认为，有猪过年是他一家之主的责任。

到了腊月杀猪那天，爷爷没等到父亲，问叶石云："你爸怎么还不回家过年啊！"

"他去外地打工了，过年不回家！"前来帮忙张罗杀猪的姑姑用事先想好的谎言，替叶石云回答。

本以为还能多隐瞒老人一段时日。不料几天后，爷爷颤巍巍地出现在了县城姑姑家门前："他们说他已经死掉了，你们把他收好了没有？把他放哪了？"

纸终究没能包住火……

打父亲去世第二天有人上门讨债后，叶石云便拿了个学习用的本子记账。

他要替父还债，兑现自己的诺言。他知道父亲的债绝不止一笔，做好了等债主上门讨债的准备。

然而，让叶石云很意外，此后再无第二人找来。

于是在双亲离开后的第一个冬天里，叶石云利用双休日和寒假，在姑姑的帮助下，开始一笔一笔地寻债——寻找父亲所欠的债。

欠柳启元840元，2009年修缮倒塌的房屋时，运空心砖和水泥的运费；欠胡先林1000元，2008年母亲住院，出院时没钱结账借的……

这些债，有些是父亲当初和姑姑说的；有些是父亲走后，知情人告诉姑姑的；还有一些，是叶石云和姑姑一起找出来的。

"年猪都杀了，猪仔的钱给了没？"叶石云打听到年初的猪仔，父亲是从隔壁张化村抓的，便和姑姑一道去核实。

"你爸爸当时没钱抓猪仔，我就先赊给他了！"张化村卖猪的老板见到叶石云，很是意外。

"小猪本 500 元。"叶石云郑重地在本子上又记下了一笔……

而当爷爷知道叶石云准备替父亲还债后，也回忆起好几笔父亲在村里欠的债："欠你练家伯伯 200 元，柳家叔叔 100 元……"

经过一段时间的打听、寻找、核实，叶石云记下了父亲欠下的 20 多笔债务，共计 3 万元。

3 万元，不算多。但对于自己生活都没着落的孤儿来说，这可是一个天文数字。

这些债，没有一张借条。

但叶石云毫不怀疑，反倒觉得这是他们对逝去父亲的信任。

在农村，有"债不过年"的说法。父亲的债一时还不了，但理必须到。此后每年年关，叶石云都要和爷爷一起，到欠债的人家去表歉意："欠你的钱暂时还不了，不过请放心，账我们记着，一定会还给你的！"

一位是耄耋老人，一位是乳臭未干的小学生。祖孙俩的承诺，多少有些苍白。

那些债主，情领了。但是，没人太当真，也没指望叶石云成年前能还钱。

挣钱

父母去世后大半年，叶石云常常神情恍惚。

上课时，听着听着就看见了父亲和母亲；晚上睡觉后，父亲和母亲的一切就更加鲜活。

叶石云有些后悔，自己为什么不早点来到世上。

从四五岁依稀记事起，到母亲和父亲去世，他仅拥有短短几年和他们在一起的时光。那时虽然清苦，但他能感觉到温馨……

父亲是天，母亲是地。在天地之间，叶石云是幸福的。他们都不在了，叶石云要努力成为自己的天，管好自己，还要管好爷爷。

2010 年的暑假，叶石云来到县城姑姑家。

他要挣钱替父还债。可到哪里挣钱？怎么样才能挣到钱？叶石云茫然无措。

云和是玩具的世界，玩具厂随处可见。叶石云想到厂里打工。

"老板，你这里需要人吗？"站在一家玩具厂门前，叶石云嗫嚅说。

"童工，不要！"对方瞥了一眼。1.4 米的叶石云，还有一年才小学毕业。

…………

接连碰壁后，叶石云有些失望，漫无目的地走在大街上，身边车来车往。

正当有些气馁的时候，叶石云突然想到了捡废品。他迅速跑回姑姑家，从杂物间里找来一只编织袋。

姑姑知道他捡废品，已经是好几天后了。她进杂物间时，看到了堆成小山的废纸和塑料瓶，便让姑父用摩托车帮忙运到废品收购站去卖了。

那天，叶石云挣到了人生第一笔钱，15元。

接下来的一段时间，叶石云早出晚归，穿梭在云和县城的大街小巷捡废品。直到有一天，他在路边看到一位妇女坐在家门口加工玩具。

"阿姨，这些玩具是从哪里来的？能不能帮忙问下，给我做做？"叶石云壮胆问。妇女得知叶石云是孤儿后，很是同情，便告诉他如何从玩具厂拿玩具，并教他加工玩具。

第二天，姑姑从玩具厂拉回一车玩具，叶石云从此开始做起了玩具来料加工。

那一个暑假，叶石云边捡废品边加工玩具，总共挣了1000多元。

此后每年暑假，他都到县城姑姑家加工玩具，他挣到的钱逐年增加：2011年2300元、2012年3000元、2013年4000元……

每一个寒假和双休日，他都利用短暂的时间去捡废品，积少成多。

2014年暑假开始，16周岁的叶石云直接进入玩具厂打工。

玩具厂白天上班的时间是7：30至11：30和13：00至17：00；晚上加班的时间是18：00至21：30。叶石云每天早上到厂里，中饭和晚饭都自带米和干菜在厂里蒸饭，直到晚上加班结束才回家。

每天中午，叶石云用半小时吃饭，然后比工友多加班一小时。

偿债

"姑姑，我现在还不会挣钱，你先借我100元！"叶石云替父亲还的第一笔债，是向姑姑借的。那是父亲去世的第二天早上，他对讨债上门的人当面承诺之后。

2010年年底，他第二次借钱还债。当年暑假，他虽然通过捡废品和加工玩具挣到了1000多元。但除去花销，剩余的钱不够还一笔特殊的债——父亲生前向村里一位90多岁的老人借的1100元。

叶石云和姑姑商量后，决定先还掉这一笔债。他担心债没还上，老人就不在了。

有人曾半开玩笑说，老人不在了这钱刚好可以不还。

叶石云摇头。

两年后，老人去世……

从2011年开始，为让更多人看到自己的行动，他对父亲的债进行了分类："500元以上分两次还，1000元以上分三次以上还。"

这样，每年他可以多还几家。

让叶石云感动的是，父亲去世至今，没有第二个人向他讨债。相反，每一次他把钱送到债主家里，所有人都拒绝："你还小，这点钱不急，以后再还没关系。"

因此，每一笔债，他至少要送两次，甚至三次以上，对方才勉强收下。即便如此，数额稍大的，债主还会减掉一两百元，数额小的则变着法子又把钱退回一部分。

母亲去世时家里做白事没钱买菜，父亲向同村的练雷星借了500元。叶石云头一年还了250元，练雷星收下了。第二年去还剩下的250元时，他死活只肯收150元。

村民练温贵的200元，是父亲欠的年猪肉款，叶石云还钱时，练温贵再三拒绝后拗不过他才收下。可是第二年正月开学后，练温贵又专程送了100元到学校："你父亲欠我的钱你已经还了，这是我给你读书用的。"

⋯⋯⋯⋯⋯

从父亲去世至今6年，叶石云还清了父亲手里借来的3万元债。

还债的钱，还有一部分是从低保和各类补助省下的。这些年来，他和爷爷的日子都过得非常节俭，一块钱都舍不得多花。他身上穿的除了校服，都是人家送的旧衣。

去年初中毕业后，为尽快以一技之长立足社会，叶石云进入云和县中等职业技术学校学习。为节省菜钱，他几乎每顿只买两个素菜。后来他想到一个更省钱的办法：找一位同样贫困的同学拼菜，两人把钱打到同一张卡，一顿买三个菜合起来吃。

原本每周平均50元的菜钱，也因此降到了两周75元左右。

叶石云拼命挣钱和省钱，有人好心善意说："你还小，这债可以不用还先。"甚至有人告诉他，父债子还无法律依据，未继承父亲的遗产，没必要替父还债。

可叶石云仍觉得，欠债还钱天经地义，父债子还天经地义。且自己早承诺在先。何况，当年这些人都在父亲最困难的时候施以援手⋯⋯

访谈视频

三、"飘萍"面对面

"笨鸟多飞"：实践是记者成长的必经之路

"小飘萍"：您从事新闻事业已经24年了，如果用简短的词句去总结您的新闻生涯，您会怎么概括？

金小林：有个词语叫"笨鸟先飞"，我把它改一个字，叫"笨鸟多飞"。我形容自己是一只笨鸟，从小到大我并不比人家聪明，但我比人家更努力。

我是农村里出来的，二三十年前的基础教育非常薄弱，一路走来，我都是属于少数几个比较幸运的能够升到上一级学校去的人，我也是我们村的第一个大学生。我觉得自己比他们要努力，就像一只笨鸟要多飞，最终幸运地成为一个大学生。

后来工作也一样。我从基层的记者干起，到部门负责人，再到现在的班子成员，都可以用"笨鸟多飞"来形容我的历程。这4个字既是我的人生态度，也是我对自己的新闻工作，甚至整个人的一个总结。

"小飘萍"：您说到自己不是科班出身，您觉得在新闻这条路上，您跟科班出身的人最大的差距在哪？或者说您在新闻工作当中，需要在哪一方面比别人付出更多的努力？

金小林：我们那个年代，尤其是地市级媒体，新闻科班出身的专业人士比较少，更多的是像我们这样因为喜欢写作而进入媒体行业的人。我觉得非科班出身与科班出身的人相比，有优势，也有劣势，当然更多的应该说是劣势。因为我们对新闻系统理论的知识，其实是没有掌握的，比如消息的格式——消息相对来说会更严谨，而通讯可能自由发挥的空间会大一点。

在从业过程中，没有经过科班学习的人会碰到很多问题，到后期主要靠自己摸索，我觉得新闻理论的学习很重要，但是新闻实践更重要。

新闻的真正价值在于对社会的正面引导

"小飘萍"：《孤儿与父债》这篇新闻报道出来之后，您觉得它对主人公，或者说对社会产生了哪些影响？

金小林：首先，对主人公个人，可以说改变了他的一生。我们去采访之前，他已经在做这些事情了，但是当时社会对他的认可度或者说知晓率比较低。通过我们的报道，社会、学校以及他身边的人对他有了肯定，从某种角度上来说，能够让他更坚定地认为自己的做法是完全正确的，同时他也因为社会对他的肯定，而更加努力地去做。

我们去采访的时候，他还是一名职高的学生，后来转到了高考班，经过自己的努力如愿地考上了大学。他后来跟我们说，如果媒体没有去报道他，他职高毕业可能就去工作了，这样也可以早点去照顾他的爷爷，但后来他还是觉得学习才是更重要的。

其次，我觉得新闻不仅改变了他个人，对整个社会的引领作用也是非常大的，这也是我们当时做这个选题最主要的考虑。党媒在选一个新闻题材的时候，首要的衡量标准或是说它的价值在哪里，很大程度上就是对社会、对国家要有正面的、积极的引导意义。现在社会上"老赖"非常多，有很多"老赖"自己本身有钱，但就是欠钱不还，因此法院也会不定期发布"老赖"名单，说明社会上很需要诚信典型。替父还债，一个孩子能够做到而许多成人做不到的行为，更显现出它的社会价值和意义。

借力与借机：充分发挥舆论监督报道的影响力

"小飘萍"：对于《大旗英雄传》剧组破坏文物事件，您也深入调查并且写成报道。您能具体讲一下这件事情的来龙去脉吗？您觉得一篇市级媒体的舆论监督报道，为什么能获得这么大的影响力？

金小林：现在回顾起来，我觉得《大旗英雄传》报道是我当调查记者以来最成功的一个舆论监督报道。我们在平时采访过程中了解到一个线索，丽水市缙云县仙都景区里面明代的摩崖石刻是国家级保护文物，但被人用一种特殊的染料喷涂了。我们去采访的时候，由于事情已经过去了一年，当地村民也不是很清楚。

后来我们通过走访，很凑巧地找到了几位知情人，他们当时被《大旗英雄传》剧组雇用，最终确定是《大旗英雄传》剧组在拍摄过程中，有人嫌后面两个字碍眼，用一种特殊涂料将其喷涂掉了。作为一个调查性报道，这个稿子发出去之后影响力非常大。即便当时互联网不是很发达，它也成为一个全国性事件，新华社、《人民日报》、央视都在关注。当时央视节目《马斌读报》的头条专门提到这个事情。正因为迫于舆论压力，后来浙江省文物局对剧组进行了处罚，然后剧组向全国人民公开道歉，缙云当地政府也对这个事情进行了处理。

为什么会产生这么大的影响？有两个方面的原因。第一个是借力，借上级媒体的力。稿子发出来之后，我们马上通过《法治日报》的记者往省级、国家级媒体推，所以影响立即就出来了。第二个是借机，机会的机。如果说没有一个恰当的时机，这个效果至少要打对折。在我们报道刊发半年前，云南香格里拉自然环境被《无极》剧组破坏的事件，引发舆论哗然。事情曝光之后，全国媒体纷纷进行报道。这两个事件的报道会产生一种叠加效应，影响力自然非常大。后来国家四部委出台了相关规定，在景区拍摄影视作品需要经过严格的审批。

脚力：好新闻的前提是深入一线

"小飘萍"：我们看到您的新闻都是自己去现场跑出来的，那么您如何看待"新闻四力"当中的"脚力"？对新闻人来说它有怎样的重要性？

金小林：新闻"四力"是脚力、眼力、脑力和笔力。从排序来看，可以知道"脚力"是非常重要的，它是前提，是基础。用一句话来形容就是"巧妇难为无米之炊"。厨艺再好，如果没有基础材料的话，肯定做不出一顿大餐，对于新闻从业者来说也是这样。"脚力"讲的就是要深入一线，要贴近群众采访。事实上我们现在通信技术非常好，很多记者如果"脚力"不到位，他们完全可以坐在办公室里面，通过微信、打电话获取很多材料，然后稍微加工一下，一篇普通的新闻稿就出来了。但是这样的稿件仅仅是完成任务。如果要把一篇稿件真正写出水平来，必须去践行"四力"，"脚力"是摆在首位的，就是要到基层，要多次反复去基层采访。

在前面提到的《孤儿与父债》报道过程中，我自己就去了云和三次。第一次去了之后感觉素材还不够扎实，又去了第二次、第三次，我把叶石云所有的债主找到了，然后跟他们聊，同时对他的老师同学，甚至原先他收废品时接触过的人，都进行了采访，前前后后共有40多人。这样一来，我们采访的素材就非常扎实，这也是这篇稿件能够成功的一个重要原因。

我觉得，如果说有好的"脚力"，不一定就能写出非常精彩的新闻作品，但是没有"脚力"，肯定写不出一篇好的作品。

大浪淘沙，内容为王

"小飘萍"：您觉得和以前相比，发达的现代科技对于新闻工作，分别有哪些利弊？

金小林：技术只是一种辅助手段，对我们写稿肯定是有帮助的。但是如果过于依赖技术而放弃了真正应该注意的东西，这就是弊端了。我还是非常认同"万变不离其宗"——就是"内容为王"。现在技术再好，各种新媒体的体裁花样百出，它呈现出来的效果可能一时能够吸引受众。但如果没有扎实的内容，也只是暂时的吸引。现在大家都比较讨厌新媒体的标题党，标题党会制造一种噱头，内容很单薄。如果我们在新闻实践过程中，能够把新技术跟我们传统的内容结合起来，就会有很好的效果。

调查记者：有风险，但有力量

"小飘萍"：您当初做调查记者的初衷是什么？做记者过程当中有没有遇到过什么困难或者压力？

金小林：当调查记者的初衷，是挺有趣的一个事情。当时我到日报社之后，部门副主任是非常优秀的调查记者。有一次他去本地一家医院看病，被他曾经曝光过的采访对象认出来了，结果被采访对象围攻。他回来后跟我们主任说，最好能够让像我这样年轻的人多去做一些调查报道。所以从那以后基本上部门的调查性报道，舆论监督的报道，我会多参与一点。现在国内的调查记者已经很少了，因为有一定的风险度，一些大报的记者风险可能会更大。我们地方报纸有时候也会碰到一些事情，比如有一次，我跟一个女同事扮作情侣，假装感冒，去医院看病。我们选了三家公立医院和三家诊所进行暗访，第一是想看看我们假装生病，医生能不能诊断得出来。第二是想看用药情况，看有没有医院会乱开药，开价格很高或者是没必要开的药。

结果暗访之后发现，我们当地的一家公立医院开的药有 100 多块钱，当时是 2002、2003 年，其实我们没感冒，去了之后医生头都没抬起来，就问了一下："你什么情况"，我们跟他讲了之后他就直接开药。我们把这个情况写出来发出去之后，过去半年多了，有一次单位体检，我去那个医院随诊，我早就把这个医生忘掉了，去的时候碰到他，把我体检报告拿去，他一看到我名字，脸马上就绿了。他说你就是金小林，我说对，怎么了医生？他"啪"地把我的报告放桌上，站起来跟我说，你的病我看不了，我没有这个水平。我说怎么了医生？我就是来了解咨询一下。他说你不是说我一个普通感冒都看不了，要开 100 多块钱的药吗？我才恍然大悟。

像这种事情我们现在讲起来还比较有趣，但采访中真正感觉到有困难有压力的事情，其实也很多。有一年，龙泉有一个采矿公司，它的施工地刚好是在当地一个镇自来水取水点的上游，因为它没有采取相关措施，导致全镇人喝的水都是受到污染的。我们去做这种新闻就有一定风险性，因为曝光会涉及相关利益。当时，我是跟龙泉本地媒体记者一块去的，他陪我到了离现场大概一公里的地方就不敢进去。他说他是当地人，如果被企业的人发现，比较有风险。我就让他在外面等，我自己进去。我走了大概 500 多米，到了采矿地点，去找工人了解情况，他们都很警惕，问我"你是干嘛的""来做什么的"，我说我是隔壁村的村民，就过来了解一下，问他老板在不在，他也说不在。发现聊不出东西，我准备往外走，大概走了 100 多米，后面有个人大叫，向我追过来。事后我了解到，这个人就是老板。工人把老板叫过来了，老板对我说"站住你别跑"，他说我肯定是记者，我看情形不对，撒腿就跑。

后来我们通过其他途径要到了老板的电话号码，再跟他联系，然后再约到市区聊，他就有顾虑了。为什么要去现场？因为不去现场，只是在市区跟他聊，是感受不到这种真实情况的。调查记者有风险，但写出的调查新闻有力量。

始终热爱，始终如履薄冰

"小飘萍"：您觉得是什么一直支撑您在新闻行业充满热情地工作了二十几年？

金小林：我学的是政史教育专业，进入新闻行业的一个最主要的原因就是我比较喜欢写作，我大学的时候就已经开始在报刊上刊发散文了。从事一个行业，首先要热爱这个行业，如果是连写作都抗拒的话，肯定不会选择从事新闻行业的。

第二个原因，我觉得跟个人性格有关系。我其实偏内向，之前一个总编辑说，像我这种性格适合做专业性比较强的工作，新闻就属于这种工作，像公关，我可能就不太适合了。

第三个原因，我觉得从专业来讲是优点，但从个人来说可能是缺点。我是一个比较典型的完美主义者，做一件事情，我会在自己力所能及的范围内要把它做到极致。既然我从事新闻行业，不管时间多久，我都要把自己的每一次工作做好。

"小飘萍"：您是报纸的终审，请谈谈您对新闻把关的看法，以及这么多年来您把关的流程和标准是什么？

金小林：我们业内有一句话，就是"办报永远如履薄冰"，尤其是最后一个把关人，因为你签出去的报纸，如果出现了差错，可能就是大的问题。我们每一篇稿件、每一个版面出去，都可能会出一些让你意想不到的问题，事实上我们已经很细致很小心了，但每一次的差错都是不一样的，防不胜防。

我这么多年来养成一个习惯，每天晚上夜班下班后，我还会把报纸版面的图片发到自己手机上。回家后再想想有哪些重要的地方，再拿出来看一看，有时候甚至睡到一半的时候还会爬起来看。

用情、用心、用力

"小飘萍"：作为新闻行业的前辈，您对青年记者有什么寄语或建议吗？

金小林：在新闻行业做了 24 年，我觉得自己只是一个老兵，还处在不断学习的过程中。对年轻记者，我想用三个词作为寄语。

第一个是用情。就是说对媒体首先要有真感情，对所从事的行业要真心热爱。

第二个是用心。进入这个行业之后，用心不用心、认真不认真、一两个月可能看不出来，但一两年后，肯定会有差别。年轻记者进入媒体行业之后，用心的记者会很认真地看每一次刊发的稿件跟自己的初稿有什么区别。我们值夜班的时候，有一个很重要的任务，就是要把记者稿件里存在的问题改掉，但我们不可能改完之后又打电话告诉记者说稿子存在哪些问题，哪个地方我帮你改过了。用心的记者第二天会通过系统去看修改痕迹，或者直接看报纸，看发出来的稿子跟自己写的稿子有哪些地方不一样。同时，他会去探究为什么这么改，他不清楚的时候，会去找改稿人探讨。这样，每一篇稿子对他来说都是一个学习和进步的机会，这是用心的表现。而不用心的记者他根本不看，不知道一审二审修改的地方，甚至犯过的错误，过了一年后，类似的问题稿子里面又再次出现。所以年轻记者用不用心，区别是很大的。

第三个是用力。可以从两方面理解，一方面是不怕吃苦，不怕劳累。如果说写稿采访都怕苦怕累的话，那么肯定不能成长为一名成熟的记者。另一方面是"脚力"问题，如果说年轻记者刚进来，就想当一个办公室记者的话，肯定干不好这份工作。

"小飘萍"：您觉得您为何能获得飘萍奖？

金小林：我有很多不如我身边优秀同事同行的地方，能够幸运地获得飘萍奖，我想有几方面的原因，第一个是我长期做调查记者，而在地市级报纸的调查记者并不多。到目前为止，丽水新闻界唯一获得浙江新闻奖的名专栏，就是我这个部门的《调查关注》栏目，这在某种角度上说明当时《丽水日报》的调查性报道做得是相当不错的。我作为调查性报道里面的主要记者，坚持了十多年，估计当时飘萍奖的评委认为我能长期坚持在调查记者岗位上很不容易，面临一定的压力和风险，这也是给予我的一个肯定和鼓励。

第二个是我长期在一线做新闻记者。我 2012 年当部门负责人之前，在一线的工作就是采访、写稿。当部门负责人之后，我基本上没有稿件考核的任务了。如果说我想偷懒一点，我就整天坐在家里，在单位里，我可以去策划，可以去看稿，可以指挥其他人干，但是我每年还是会到基层去，独自采访写作，会去出一定的作品。

获得飘萍奖是评委对我的鼓励，也是对基层一线新闻工作者的导向。

四、"小飘萍"心得

幸哉有缘访名士，乐以倾盖论新闻。了解、采访优秀的新闻界前辈对于我们新闻学子来说是非常难得也非常特别的经历。采访金小林老师，我们的收获是多方面的。首先，我们感受到的是金老师深入基层不怕艰辛的记者本色。金老师说："作为一名新闻记者，首要的是不怕苦，不怕累，好新闻是要靠脚走出来的，要深入基层，深入群众，贴近生活采访。"他大量的调查报道都是一脚一脚深入基层采访得来的，他所总结的"笨鸟多飞"的工作经验让我们深受启发，对于一名记者来说，持之以恒深入践行"四力"才能练就过硬基本功。其次，让我们感佩的是金老师不畏风险坚持做调查记者的勇气和担当。金老师认为，新闻记者和媒体要有"铁肩担道义"的强烈社会责任感，要有"路见不平拔刀相助"的勇气意识。尽管在调查报道过程中遇到很多阻碍和压力，但金老师一直笑对风险、勇往直前，以一颗赤子之心报道最真实的新闻，以自己的力量推动基层社会的进步。

金小林老师已经在新闻行业中工作多年且取得了很多成绩，但他在与我们这群学生的交谈中仍然非常谦虚，他乐于将自己对新闻事业的理解和从业经验分享给我

"小飘萍"与金小林老师
合影

们，鞭策我们"做新闻要用情，用心，用力"，告诫我们"切忌急功近利，一定要脚踏实地"，鼓励我们"江山代有人才出"。这些寄语都将激励我们坚定理想，一路向前。

五、人物评析

"好新闻是走出来的"。丽水市新闻传媒中心高级记者金小林，用他 20 余年扎根基层新闻实践的切身体会，让我们感受到一位优秀新闻人的匠心与情怀。金小林自谦是"笨鸟多飞"，当年他凭借对新闻事业的执着与热爱，毅然决然从临时的"新闻民工"做起，在丽水这片红色热土上，一步一个脚印，以扎实作风和新闻悟力行走在一线，如今收获了满满的荣誉。用情、用心、用力，是金小林对于其所从事的新闻事业的孜孜追求和感悟，也是对后来者的谆谆教导。

  评析人

傅亦军，浙江省新闻工作者协会秘书长、高级编辑

郑雪君
让心中的太阳升起来

郑雪君，首届浙江飘萍奖获得者

一、人物介绍

郑雪君，中国晚报工作者协会副会长，曾任中国新闻名专栏——《温州晚报》《雪君工作室》栏目主持人，高级编辑。获全国劳动模范、全国五一劳动奖章、全国三八红旗手、全国优秀新闻工作者、全国岗位学雷锋标兵、全国基层理论宣讲先进个人等荣誉称号。她还是中国共产党第十七次全国代表大会代表、第十二届全国人民代表大会代表。首届浙江飘萍奖获得者。

二、人物代表作

（一）代表作信息

通讯：《张副总理，我的话您记住了吗？》
首发时间： 2013 年 3 月
首发平台：《温州晚报》

（二）创作背景

2013 年，郑雪君当选为第十二届全国人大代表。身兼人大代表和记者双重身份，郑雪君的新闻理念是"政治家＋文学家＝优秀新闻工作者"，她要求自己像政治家那样做新闻、为广大人民群众谋利益。她策划的"不让一个贫困生失学"活动，为 16000 名贫困生解决了学习费用；她四赴雅安，筹资千万，在当地建了一座震不垮的"温州慈善楼"；她受邀到荷兰、美国宣讲中华传统文化和中华美德，讲中国故事、浙江故事、温州故事。

在担任第十二届全国人大代表期间，郑雪君与国家领导人就地方立法权问题多次互动。2013 年全国两会期间，郑雪君递交了《关于要求批准温州为"较大的市"的建议》，她在浙江省代表团审议政府工作报告会议上争取支持，希望国家批准温州为有地方立法权的"较大的市"，让温州为全国的改革作出更大的贡献。在散会的时候，郑雪君紧追时任副总理张德江同志到电梯口，追问："张副总理，我刚才讲的话，您记住了吗？"张德江回答道："知道啦，温州已经要求很久了，是应该把这个问题解决掉了。"这一追一问，体现的是充满人情味的政治。她以此采写的新闻报道《张副总理，我的话您记住了吗？》获得了浙江省新闻奖一等奖、中国晚报赵超构新闻奖特等奖。

之后，随着《中华人民共和国立法法修正案（草案）》的通过，地方立法权扩至所有设区的市。

三、"飘萍"面对面

"小飘萍"：您原来是温州市第二棉纺织厂党委副书记，后来才进入《温州晚报》，是什么让您去追寻一个新的梦想？

郑雪君：我在温州第二棉纺织厂有两次自荐的经历。第一次是我们单位里的一个团委书记到省团校学习。我知道他要去学习两年以后，

访谈视频

我就写了一封自荐信交给党委书记，说我想当团委书记。书记笑着说，他还没有碰到过自荐当团委书记的，年轻人能够毛遂自荐，勇气可嘉，但团委书记是需要选出来的。结果我票数居然真的第一，但当我上台做表态发言时，想不到台下一片唏嘘声，大家都在说"选错了"。他们的意思是，二棉厂是国有大企业，应该选一个仪表形象好一点的，怎么选出这么一个相貌这么普通、个子又这么小的团委书记。

但我很争气，半年以后刚好是年底，我的承诺都兑现了。二棉厂的团组织被评为温州市先进团组织，我个人被评为温州市优秀团干部，就这样成功了。我想既然我能够当好团委书记，也就意味着我也能当好党委书记，所以我再次推荐自己当党委副书记，结果也成功了。

为什么后来会去报社？因为我在工作过程中，发现做"政治家"的梦想不太现实，而我小时候曾经想过要当作家，就想去写作领域闯闯看。刚好这个时候《温州晚报》招聘采编人员。我考试考了第一名，就这样走到报业这条线了，也算实现了自己的人生理想和目标。

"小飘萍"：听说您刚进入晚报的时候，经常一天写七八篇稿子，但是两个多月都没有一篇能够见报，当时是什么让您坚持下来，又有哪些细节是您现在也忘不了的？

郑雪君：当时我们第一任老总胡方松找我谈话，他说，要创办一张新的报纸叫《温州晚报》，晚报跟日报不一样，这张报纸是改革开放的产物，人员能进能出能上能下，我进去的时候有3个月的试用期，如果成功就正式入职，否则就会被淘汰。我当时就答应了。

在这种情况下，压力是非常大的，但是偏偏我写的稿子就发不出来，每天挨胡总编批评，说我的稿子像党委书记作报告，压根就不像新闻稿。当时我很勤劳，每天跑十几个单位写七八篇稿件，但是都通不过。有一天我做梦都在写稿子，梦到自己的稿子眼看着就要放到版面上去了，结果又被撤下去了，梦里被撤稿时我眼泪都哭出来了，在睡梦当中惊醒。

还有一次，我三天三夜没有回家，当时我白天采访，通宵写稿，第二天又继续采访，然后再通宵写稿，第三天采访了很多，又写到深更半夜，到第三夜的时候我有点熬不住了，最后睡睡醒醒，写到凌晨4点才把稿子写完。当时我觉得时间浪费在路上太可惜，就躺到办公桌上睡觉了，躺下感觉很冷，就把办公室里报纸拿过来盖到身上。直到现在，如果写稿来不及，我还经常在报社睡觉。

发不了稿的困难日子最终还是被我熬过去了。试用期最后一个月的时候，我们部主任很严肃地告诉我，只能再给我一个星期，如果稿子还是发不出来，就得走人。我开始注意别人写的稿子，也看日报记者的稿子，为什么同样一个会议稿他的能登出来，我的就不行？这样琢磨会有所悟。那时没有电脑，编辑要把稿子抄好给总编辑审稿，有一次我帮一个编辑抄稿时，发现很多写稿的奥妙，后来我还去现场看胡总编改稿，题目为什么这么改，为什么把这一段删掉，不同稿子为什么放在不同位置？看完总编改稿，我恍然大悟，收获良多。在最后关头，我每天写的稿子都能发出来，没有一篇是浪费的。

"小飘萍"：您现在退休了以后被返聘，继续运营《雪君工作室》。对于工作室，您有什么目标吗？

郑雪君：《雪君工作室》自从 2009 年获得中国新闻名专栏荣誉以后，我就打算继续提升工作室的水平，要真正名副其实，走出温州，走出浙江，走向全国甚至国际。

2010 年，我国发生两个自然灾害。一个是 3 月的云南旱灾，我们开展了一个往云南送水的活动。云南的百姓跟我说，郑记者，水是会喝完的，能不能再给我们募点钱，让我们打井，井打出来了水就用不完了。回来以后，我又募了一些钱汇过去让他们打井，结果云南人打了 30 口井，让我取名字，我就取了名字叫"温州井"。消息发出去以后，新华社也发稿，很多媒体转载，轰动全国。

紧接着 4 月玉树地震，我们又发动温州老百姓捐款，第二天就募集了 300 万元。我们用这个钱买了物资，最终用飞机运送到灾区。飞机在玉树那边降落的时候，青海省委秘书长等当地政府官员出来接机，并在机场发表了热情讲话，赞扬我们温州人敢想敢做，雪中送炭。

四、"小飘萍"心得

32 岁从棉织厂主持工作的党委副书记转型成为《温州晚报》的记者，获得 30 多项省级以上新闻奖，创办《雪君工作室》为人们提供帮助，成为人大代表推动温州率先成为"较大的市"，把慈善做到非洲……我们想象中的郑雪君老师，人生传奇，光环满身，似乎高不可攀。

但见面时，郑老师一直面带笑容，眼里闪耀着光芒，亲切感十足，原本的紧张被老师的笑容轻易化解，整个会面都在欢声笑语中度过。我们想这就是为百姓所信赖的记者，热心慈善的记者，为民代言的人大代表，她身上的亲和力是她创造这些成就的基石。最让我们震撼的是郑老师的爱岗精神和劳模精神，她经常睡在自己的办公室，一张小小的躺椅就是她的床，一天只睡 4 个多小时，每天四点多就起来学习中华传统文化、练习八段锦，白天跑新闻，晚上写材料。

在人生道路上，郑老师始终勇往直前攀登下一个高峰，不断迎接新的春天。而背后的力量源泉是她的崇高理想和信念。郑老师从小就渴望成为文学家或政治家。无论是在棉织厂通过自荐当上干部，还是积极争取进入晚报工作都源于她最初的梦想。她说，记者其实是"文学家＋政治家"，不仅要有文学家那样扎实的文字功底和表达能力，也要像政治家那样有为民谋幸福的情怀。"其实每个人的心中都有太阳，要让它升起来，升起来就有力量了，就可以活出精彩的人生。"

郑雪君老师的故事和话语还萦绕在我们的耳畔，我们此行最大的收获是从她身上感受到的强大的力量：理想信念、勤奋刻苦、热情洋溢、为民服务。榜样的力量将孕育出更多优秀的新闻从业者。

五、人物评析

"文学家＋政治家＝优秀新闻工作者"，这是《温州晚报》记者郑雪君的新闻理想，也是她新闻从业 30 多年的生动写照。以政治家的胸怀与抱负从事新闻工作，必是心牵民情、关注民意、体察民生，将政治智慧与创造美好生活的热情融入社会生活实践，用脚、用脑、用笔探索改革创新的路径，书写温暖、深情的故事。于是，便有了震不垮的"温州慈善大楼"；有了远赴非洲的救助行动；有了 16000 名贫困学生悦耳的读书声……诚如郑雪君所说："每个人的心中都有一颗太阳，太阳升起来了，大我就出来了。"这就是新闻的力量。

评析人

李冬冬，浙大城市学院新闻与传播学院教授

傅拥军
我是一个长期影像调查者

傅拥军，第七届浙江飘萍奖获得者

一、人物介绍

　　傅拥军，浙江传媒学院专任教师、美术馆馆长，中国摄影家协会新闻纪实专业委员会委员，摄影师、副研究员。曾任《都市快报》摄影部主任，快拍快拍网发起人，出版《镜头朝下》《那么西湖》《摄影名家大讲堂——纪实摄影指导》《我很想你》等多部摄影类著作，主持国家一流本科课程《报道摄影与图片编辑》。曾获中国新闻奖、中国摄影金像奖、全国十佳青年摄影记者提名奖、国际新闻摄影比赛（华赛）金奖，两次获得世界新闻摄影比赛（荷赛）奖。第七届浙江飘萍奖获得者。

二、人物代表作

（一）代表作信息

图片新闻:《宝贝不哭，明年再来》
首发时间: 2006 年 8 月 20 日
首发平台:《都市快报》

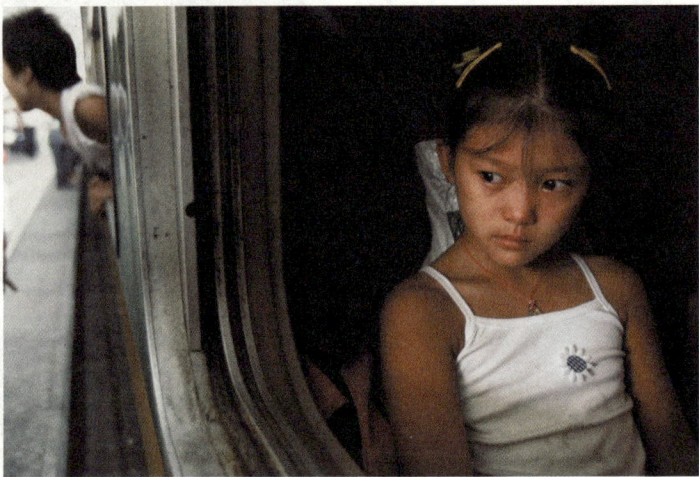

傅拥军作品《宝贝不哭，明年再来》

（二）创作背景

像往常的每一年一样，2006 年的杭城夏天炎热而漫长。时间慢慢流逝，终于还是来到了 8 月末，这是一个特殊的时间节点——9 月 1 日，全国中小学生的开学日。那天，重庆女孩傅香君眼底闪着泪花，乘上了返乡的火车。发车前的一霎，她红着脸望着窗外泪眼婆娑的小小身影，被时任《都市快报》图片部主任的傅拥军拍下，这一拍，就是十年。

回忆起与傅香君初遇的那天，傅拥军感叹道："也许这就是缘分吧。"当天，快报要出一篇有关 8 月末火车站人流量大幅增长的图片新闻。傅拥军让新来的记者去拍摄几张现场照片。记者带回来几张现场图，傅拥军却总觉得这几张构图工整、画面考究的反映火车站大场面的图片还缺了点什么。

傅拥军二话不说，背起相机就来到了杭州火车站，在这辆由杭州发往重庆的火车上，傅拥军与这个与他同姓，名字中有一字同音的女孩相遇了。"我叫傅拥军，她叫傅香君，我们有缘分。"傅拥军笑着说。

火车很快就启动了，傅拥军不想就这样与这个有缘的小女孩错过。经过多方努力，傅拥军找到了傅香君留在杭州务工的爸爸，并决定与这个家庭"结对子"——一对一资助傅香君的生活与学习，一直从小学，到高中，再到大学。

也是在这期间，傅拥军用镜头记录下了每一时期的傅香君。2009年，画面中的女孩早已脱去了当初的稚气，拿着锄头在田地里帮助家人干农活；2012年，傅香君已经是一名初中生，她站在忠县一所高中的教室里，唇角微微下垂，好像有些不开心，但是眼底依然泛着光。原来，因为户籍问题，从那年开始，傅香君就不能继续在杭州上学了，她只能跟着父亲回到老家的县城继续完成学业；2015年，傅香君坐在大学宿舍里，实现了自己要考上大学的梦想。回到家乡以后，傅香君没有放弃，而是努力学习，最后考上了一所师范类大学。现在的傅香君，已经是一名人民教师了。

作为一名长期影像调查者，傅拥军一直从时代的视角去看待整个社会与现实中的"小人物"。"我觉得照片一定要有一个时代背景，我在思考的时候，会将自己的视野放在一个更高的空间去体察我们这个时代，尽量把我们这个时代里面的人物，尤其是小人物，放在时代背景下，看看他们是怎么样一路走过来的，"傅拥军说道。

对普通人的故事格外地关注，傅拥军觉得也是顺其自然的结果，尤其是对于傅香君十年的跟踪拍摄。"其实都是自然而然发生的，暑假结束，'小候鸟'（在暑假和城里务工的父母短暂相聚后又被送回农村老家的留守儿童）就要回家了，那火车快要开的时候，每个窗户露出来的都是一张张的面孔，那些面孔是会让人震惊的。小姑娘拍完之后，火车开走了，后来我才觉得这个照片很好，"傅拥军说。

《宝贝不哭，明年再来》好在哪？傅拥军认为，它反映了一张好的照片是要在特定的时间和空间环境下才能够创作出来的。"比如留守儿童的照片，其实我拍了很多，但是这张照片，它是在典型的环境下呈现出来的。因为说到留守儿童，其实就会想到跟父母的分离，然后通过这么一个空间——火车站的一辆绿皮火车，绿皮火车也很有时代特征——把这种分离呈现出来。这个空间我觉得非常重要，它其实反过来也是一个主角。如果没有这个空间，意思就会差很多。"

回忆起当年拍下这张照片之后最难忘的瞬间，傅拥军认为是在火车开走的那一瞬。"本来她是没有哭的，火车开走了之后她就哭了""一个人的故事就是中国的故事，也是全人类的故事"，傅拥军如是说。

三、"飘萍"面对面

访谈视频

飘萍得主："长期"是一种深度

"小飘萍"：我们之前了解到，您被称作"摄影界扛把子"，您的很多作品拍摄时间都超过十年，比如《西湖边的一棵树》，或者"100个中国乡村计划"。您这么长期地去拍同一个人或者同一家人，不会觉得很枯燥吗？我们摄影不是应该多换场地多拍吗？

傅拥军：我一直把自己看作一名长期影像调查者。长期是一种深度。并不是说所有的东西都要这么长期地拍，其实是顺其自然的。当你去深入关注一件事情，自然而然，拍摄它的时间就会拉长。你拍完有些东西之后，回过头去会发现还有更多可以挖掘的东西。

我们当下，特别是社会的变化和发展很快，很多东西都求快，但是我觉得从影像的角度来说，现在非常需要有深度的、有专业主义精神的人。深度，一方面是体现在你对事情本身认识的深度，另一方面就是时间的深度。西湖也好，村庄也好，甚至是某一个人也好，其实都值得用时间记录。

傅拥军作品《西湖边的一棵树》

"小飘萍"：我们之前看您的资料发现，不论是广西梅林村的村民肖像，还是《宝贝不哭，明年再来》的主角小姑娘傅香君，您对于这种普通人的故事总是格外关注，能不能跟我们分享一下原因？

傅拥军：就像刚刚说的，我做这些事情都是顺其自然的，也蛮相信缘分。比如刚才说的傅香君，那时候我在报社里是摄影部主任，2006 年 8 月，我当时看到电视台有个新闻说，这个暑假快结束的时候"小候鸟"要回家了，就安排了记者去拍。结果他拍回来的照片，人挤人，就像春运一样。如果没有图片说明，看上去就像春运，没什么特点。所以第二天我就自己再去看看。

我看到那火车快要开的时候，每个窗户露出来的都是一张哭脸，这个面孔才是真正打动你、让你震撼的。

傅香君也是其中之一，她当时准备回重庆，父母因为工作没来送她。照片见报之后，有许多读者希望能与这位小姑娘结对帮扶。我在重庆找了她两年，好不容易在一个山村中找到了她。她也姓傅，也有一个君字，傅香君，挺有缘分的。我就有私心了，我想和她"结对子"，就决定长期关注这个女孩和她所在的村庄。

我通过这一名留守儿童的成长延伸到这一户农民工家庭，然后又通过这户人家再延伸到他们的老家村庄，一系列串连起来，这个村庄也成为我后来的项目"中国乡村的 100 个村庄"其中之一。

作为一名摄影师，我觉得最重要的是要持续地、长期地去关注，这样才能把我们这个社会看得更清楚。

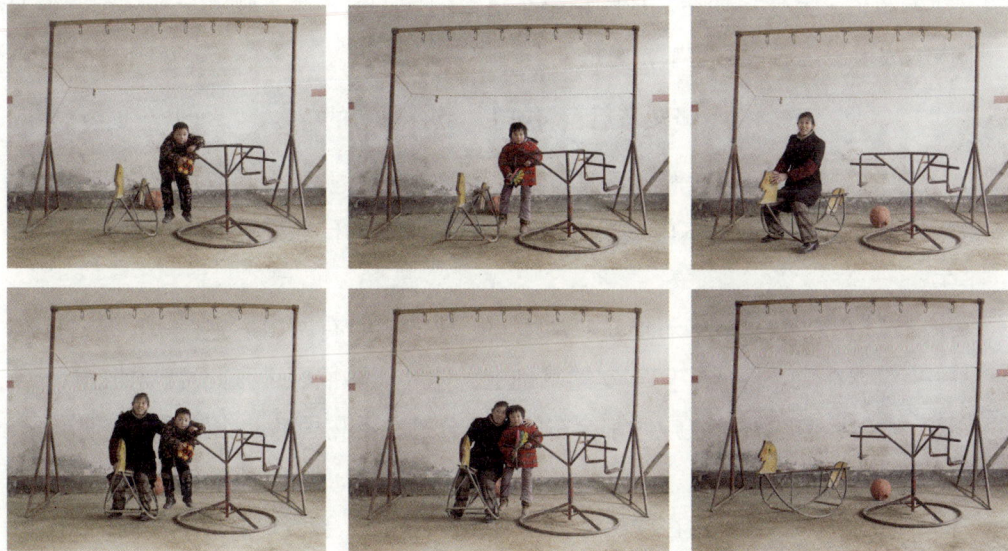

傅拥军作品《我好想爸爸妈妈》

"小飘萍"：您刚才说一张张面孔出现在火车上非常打动人，最打动人的点是什么？是因为她的神态本身流露了某些情感，还是因为折射了某些社会问题？

傅拥军：我拍了很多留守儿童，但是这张照片是在典型的环境下呈现出来的，说到留守儿童，它的内涵之一其实就是跟父母的分离，然后通过这么一个空间，火车站、绿皮火车——绿皮火车也很有时代特征——把这种分离具象化。这个空间我觉得非常重要，它也是一个主角。

如果没有这个空间，这个小女孩的形象就可能会被解读为被爸爸妈妈骂了。但正是在这样的空间里，就能看出这其实是一场离别。这个小女孩身上也有很多细节可挖掘。比如她的衣服干干净净、漂漂亮亮，这也能反映出她父母亲的心情——觉得孩子要走了，就买了新衣服给她穿上。小女孩其实之前都没有哭，她的眼泪是含在眼睛里的，就在火车开动的瞬间，眼泪落了下来。

"小飘萍"：我们在看您的作品的时候，总是能透过作品中的人物看到自己身上的影子，特别感动。驱动您去拍摄这些小人物的故事的动力是什么？

傅拥军：小人物其实也不仅仅是小人物，我觉得这个时代当中每个人都是值得我们用影像留存下来的。你只要去挖掘，每个人身上都是有故事的——包含了在这个时代潮流当中，他的进退。只要跟他聊得深入了之后，你就发现每个人真的都各有各的故事。

慢慢地我和他们就像老朋友一样了，就会一直拍。只要是我力所能及，我就会给他在典型的环境下拍张照片，送给他们。我当时就是这么想的，但是当你认真去做这件事情了，就会发现在无形中记录了这个时代下这些小人物的一种状态。因为一个人的故事也是时代的故事，更是人类的故事。

镜头背后："快门"是有思考的

"小飘萍"：您带学生到濮院采风，做口述影像史的记录，我们对此有个困惑：对于摄影专业的学生，难道不应该是直接开机就拍吗？为什么还要跟一个老摄影家聊一下午？

傅拥军：做口述这个环节其实非常重要。我觉得只有做口述史——不是一般的采访——建立在真正深入了解事实的基础上，你才能够拍好一张照片。相比于一般的采访，做口述史的好处是双方都会有比较充分的准备和思考，比如话题如何展开、延伸，会有更多有用的信息。

前一段时间，好多学生在濮院碰到一个共同的问题：被受访者拒绝了无数次。我觉得要思考的一个问题是，为什么会被拒绝？因为对当地不熟悉。不但是我们学生

"小飘萍"与傅拥军老师合影

自己，很多受访者也是。

所以我就选择了这样一个形式：找一个了解当地的人，让他把关于濮院的故事、历史说出来。特别是我今天找的这个采访对象，他本身就是一个老摄影家，拍摄濮院40年了。在这40年的进程中，他也是濮院发展的见证者，就像他在访谈中所说的，"濮院是改革开放的缩影"，作品要想和时代对话，首先是和人对话。

我一直认为，我先是记者，然后才是摄影记者，摄影只是我的一种手段。

现在我虽然离开了媒体，到了高校当老师，但内心还是很依恋我原来的记者职业。我依然还在做原来的事情，而且比原来做得更深入了。我现在也在反省，如果当时就有做口述的意识，之前的报道可能会做得更好，也会发现更多有意思的人，留下更多好的作品。这个是我的真心话。

到了学校之后，我会自学社会学、人类学的一些知识。一旦进入那个领域里，你就会发现摄影其实可以和很多学问跨学科地结合在一起，也会更有力量。所以，"摄影其实在摄影之外"，我们的快门应该要有思考。这样出来的东西，我觉得才是有独特性的。

"小飘萍"：您之前的经历非常丰富，有过司机、警察、记者等各种身份，现在您在大学任教，您觉得教师这个身份带给您的使命是什么呢？您又是如何将一身本领传给学生的？

傅拥军：这几年我也在思考跟探究一个问题，我们的影像如何为乡村、为社区服务。我觉得只有把影像跟社区和乡村结合起来，它才可能会更有力量；只有学会让影像为乡村和社区服务，学生才有可能会成为一名优秀的摄影师。

我真的很希望我带的学生里面能够有一些出类拔萃的、在全国甚至全世界都非常厉害的摄影师，这个是真实的想法。在摄影界，人们会谈起美国有耶鲁派（耶鲁大学的摄影系），德国有贝歇学派。那么我就想我们浙传能不能立足于自己的特点，通过若干年的努力，成立一个中国摄影的"浙传田野派"。

田野派是要真正走入社会的，他们的作品都是通过深入的田野调查创作的。做这件事情，我自己有信心，但是也需要有更多的同学一起投入这一份工作，经过3—5年、5—10年，中国摄影也许会出现一些有田野派精神的摄影师。

"小飘萍"：您对田野派的定义可以再跟我们分享一下吗？

傅拥军：一定要真正脚踏实地地走入乡村，走入社区。就好比我们今天在濮院，真正融入当地的社会生活，而不是说你今天来一下，明天来一下。我希望摄影师是反反复复地到这里来交朋友，了解真正的民生、真正的发展。我觉得这样的东西肯定是有分量的。

传帮带很重要，靠一个人不行，要靠更多的老师和学生的加入，也希望有更多跨学院、跨专业的学生加入进来。

传道授业："肖像"是个哲学问题

"小飘萍"：您觉得一张好的照片是什么样子的？

傅拥军：我觉得好的照片就是要耐看的。我在课堂里也谈到，好的照片是有凝视感的，可以跟你对话。它看着你，就好像你也看着它，然后你在它的面前能够停留下来，不是看了就不想看、看了就忘记了。我希望能够留住的，不是瞬间的它，而是能够让你长时间停留在脑子里的它。这也是上课组织同学们互相凝视对方的一个用意。

好的照片肯定不是只要我们朋友圈里晒出来美、漂亮就够了，我觉得那个是第一层次的好的照片，其实它最重要的是能够给人思考、给人想象，可能有的时候会小小地推动一下社会进步，或者是会影响一下别人。

"小飘萍"：您之前拍的一些拿奖的照片，它们有达到您的标准吗？

傅拥军：这个也很难说，因为获奖是有偶然性的，要看什么评委，可能评委喜欢就获奖了，我觉得可能有些没获奖的照片更好。

但是我自己一直是有一个标准的，我觉得我的作品是能够跟这个时代对话的，也就是跟这个时代紧紧相连的。

"小飘萍"：刚刚对老师课上的一句话印象特别深刻，"肖像是一门哲学"，您能再解释一下吗？

傅拥军：终极问题就是这些。我觉得肖像就是这样，好的肖像最好能看到这个人从哪里来，将来会到哪里去。我觉得有这点意思，我也不是搞理论的，但这个是我的感悟，自己琢磨出来的，如果沿着这个线索做下去，我觉得还是挺有意思的一件事情。

"小飘萍"：在课程教学之外，从 2018 年开始，您和学生用两年多的时间走访了广西梅林村的 16 个自然屯，为他们拍摄了肖像，这些作品也成为梅林村脱贫影像档案的开篇。包括您的多幅获奖作品，很多都是肖像，能否分享一下您对肖像的定义？

傅拥军：从摄影术发明以来，肖像就是存在的。即使是摄影术没有发明之前，它也是以肖像画的形式存在的。要拍好一张肖像，最重要的是要与受访者交流和沟通，因为只有在交流沟通之后，你才能够拍到一张真正称得上作品的肖像。

很多同学有"社交恐惧症"，不愿意跟别人去交流，这个"关口"一定要破掉。如果你破不掉，那么做任何其他的东西都是浮于表面的。

以往我经常参加一些重要的评选，我看到很多的作品都是拍自己，拍自己的小忧愁小情绪，都是围绕自己在打转的，这些东西都司空见惯了。我觉得，我们真正的摄影是需要走到社会里面去的，要了解这个社会，你只有跟这个时代对话，你的作品才有力量。

四、"小飘萍"心得

在见到傅拥军老师之前，我们虽然做了充分的前期准备工作，但在等待老师来到教室的过程中，仍然有些按捺不住的激动和紧张，调试机器，选择拍摄角度……直到见到傅老师本人，一种随和又亲切的感觉油然而生。他讲课时的循循善诱、受访时的淡定从容，具有极强的感染力，与我们想象中的傅老师存在着一定的反差。在完成了一上午的拍摄工作之后，我们不仅对傅老师的气质和性格有了初步的了解，也亲身体会了傅老师摄影课堂独特的魅力。

正如傅老师在采访中所说："摄影其实在摄影之外。"傅老师用精练的语言阐释了一个摄影师拍出好照片的秘诀，这句话饱含哲理，并非空谈。其实我们所能看到的世界是什么样子，在镜头里呈现出来便是什么样子。而这里的"看到"，可以理解为眼界：读过的书、走过的路、遇见的人都是组成眼界的一部分。而如何提升眼界、使作品具有力量，傅老师上课时反复强调的"田野派精神"给予了我们答案——"用影像记录人间，用脚步丈量土地"。

脚踏实地地走进社会，真正地融入当地的生活，了解真正的社会和时代。这样的作品方能具有开阔的眼界、独到的视角和真实的力量。而这也加深了我们对于纪实类摄影乃至整个新闻行业的认识。

五、人物评析

傅拥军曾从事新闻摄影记者工作18年。他始终脚踏实地，镜头朝下，拍出了很多深受读者喜欢、具有国际影响力的摄影作品。他在高校任教后，仍继续关注中国乡村，专注于乡村影像创作和研究，发起"乡集计划"，记录中国的100多个村庄，这是一份既有文献价值，又有艺术价值的视觉文本。近期，他在家乡龙游县创办中国乡村摄影艺术中心（泥美术馆），用艺术行动回应当下"艺术乡建"浪潮。傅拥军的大部分摄影作品都与普通百姓的生活紧密相关，他独特的纪实摄影实践，不仅反映了社会的多样性，还激发了公众对社会问题的关注和思考，促进了社会的多元理解和共同进步。

评析人

胡晓阳，浙江传媒学院诗路文化研究中心主任、教授

赵卫明

小媒体也有大作为

赵卫明，第十届浙江飘萍奖获得者

一、人物介绍

　　赵卫明，诸暨市广播电视台广播节目中心副主任，高级记者、作家、编剧、导演、文化策划人，绍兴市第七、第八届人民代表大会代表、绍兴市拔尖人才，荣获"全国新闻出版广播影视系统先进工作者"。400多件（次）新闻、文艺、广告作品获得全国及省、市各级奖项，其中包括中国广电影视大奖2件、省新闻政府奖一等奖18件、省新闻奖一等奖12件；40多部广播剧作品获"五个一工程"奖或全国、省市政府奖；出版各类著作、作品集12部。第十届浙江飘萍奖获得者。

二、人物代表作

（一）代表作信息

广播连续剧：《苎麻西施》

首发时间： 2021 年 11 月 18 日

首发平台： 中央广播电视总台《文艺之声》

（二）创作背景

2021 年，中国共产党迎来百年华诞，很多弘扬正能量的文艺精品相继诞生。其中，《觉醒年代》《悬崖之上》等影视剧在播出之后，好评如潮。在这些作品的人物塑造中，或多或少可以看到绍兴革命者和革命先烈的影子。这引发了赵卫明的思考，他希望借此机会，通过广播剧的形式，将诸暨的抗战故事传播得更远，因而创作出了具有浓郁地域色彩和乡土气息的、高扬爱国主义和极具欣赏价值的力作《苎麻西施》。

三、"飘萍"面对面

访谈视频

坚守基层　盛放梦想

"小飘萍"：赵老师一直在诸暨广播电台工作，扎根基层几十年，这么多年来，您在基层工作最大的感受是什么？

赵卫明：我们县级广播，可以说是中国媒体序列里面最小的一个单位。这个最小的媒体，却是一个最锻炼人的地方。我曾把自己的切身体会一次次写进了文章，我说谁都别小看小媒体，它就像开一家小店，你既要做伙计，又要做掌柜，方方面面都要会来一手。小媒体它不可能像一些大的媒体，拉大架势细分，我们所有业务都叠在一块。这个时候，就需要你有十八般武艺，什么都要试，什么都要干。所以这个小单位是最能够锻炼人的。

正因为这一点，我很看重、珍惜我们这个小单位。这也从另一个方面解释了为什么我这样坚持了 40 年。我的机会很多，近点的，可以去绍兴市的报纸、电台；稍远点的，可以到省城杭州媒体；再远点的，也可以到中央电台，去采编新闻，也可以去搞文艺创作。为什么最后都没走？我还是想坚守在这里，因为我一直把基层媒体看成是事业开端的地方，一个可以盛放一生梦想的空间。

"小飘萍"：小媒体的确非常锻炼人，您已经取得了业界瞩目的成绩，新闻事业有了不错的起点，为什么还愿意坚守在基层单位呢？

赵卫明：我最看重的，是基层媒体给予记者的自主权。在这里，我可以自主找线索、酝酿、策划、采访，到了写作环节，我能再深度开发信息资源。也就是说，我可以写新闻报道，也可以进行文艺创作。报道可以在台里做，也可以拿到一些报纸刊物，甚至电视台去创作一些东西。有段时间，我兼了十多家报纸杂志的特约记者、特约撰稿，省内外的媒体都有。我做新闻报道后，往往会感到意犹未尽，我可以继续把它变成文艺作品，比如散文、广播剧、电视剧、电影剧本，形成系列性的开发。不要小看信息，层层筛选，都是"富矿"。在我看来，那些条块分割严格的采编模式，反而浪费了新闻资源和人力资源。

每个人都在寻找自己安身立命之所，而我是把新闻当成事业来做，并不只是谋生的手段。我确信这个地方可以把我的自主权发挥得淋漓尽致，做自己想做的东西，这样的人生很幸福。在这里，我的理想可以一次次自由飞翔。

"小飘萍"：老师坚守在基层几十年，从事新闻事业的过程当中有没有遇到过一些困难，有没有想过放弃？

赵卫明：人生哪有事事如意？像我身在基层小台，外界的干扰很多。基层广播它有波澜起伏，甚至大起大落。我是一个普通人，外界涛声很响，世界诱惑很多，对我心态的影响也是很大的。

20世纪90年代，诸暨广播遭遇了冰河期，甚至可以说是"至暗时刻"。它跟全国许多基层广播一样，线断了，网破了，许多人才流失了。我们当时的广播有很多人才，他们看到外面的世界那么精彩，就投奔而去了。有自己下海经商当老板的，有被挖去大媒体的。留下来的，也都人心浮动。那时候对我的打击很大，我也纠结要不要留下来，内心动摇过。

我当时在这里搞广播，已经有点小名气。这时难免会有一些政府机构、一些部门，找上门要给我换个岗位，当然也有省、市，乃至中央媒体伸出橄榄枝。

最后我留下来了，因为我恋旧，还有点自知之明。第一个，我知道自己的业务短处。如果进机关，像政府的一些调研报告、领导讲话稿、公文，我平时训练得太少了，也提不起兴趣去学。第二个，我如果去不太熟悉的机构长时间工作，可能内心压力很大。这又与我的个性相抵触，因为我更喜欢自主性的、个体性强的工作，而不喜欢做"命题作文"式的指令任务。许多人以为我缺乏进取心，少不了要讥笑我，我也从来没有后悔过。

说到争议，还真碰到不少。我的职业生涯中，曾经有两次被告上法庭。起因都是我不忍农民权益被剥夺，在媒体写稿披露真相。如果说这是一份"殊荣"，那么在当地同行中我是绝无仅有的独享者。至于遭受的批评、恫吓、威胁更不在少数，甚至因此差点受到处分调离岗位，我也从不后悔，因为天职所在。在单位里，我也许是收到听众来信最多的一个编辑记者，我主编的农民维权专栏，被评为全国"十佳对农栏目"，多次获省优秀栏目奖。

广泛涉猎融合创作

"小飘萍"：老师在业务上一直被称作多面手，不管是新闻业务还是广播剧，甚至影视编剧、歌曲创作等多方面都有涉及，还为单位设计台标和LOGO，创作台歌，那么您是如何融合业务给自己的文艺领域带来拓展呢？

赵卫明：作为媒体竞争策略的"融合"，今天正成为热词。不过，它更多时候是针对宏观的层面。对记者职业技能，也就是起码的报道策略、文本融合的意识，早在几十年前我就觉醒了，说句不谦虚的话，我是媒体融合的个体先行者。首先是做好电台的新闻报道，这是本职工作。其次，我平时会去报纸刊物、电视台"客串"，到后来会参与电视剧、舞台剧创作，我还编了好几部戏，是个不安分的人。开始时，肯定会有人觉得我不务正业，但我相信自己，走的是一条正道。

我不仅自己这样做，还鼓励同事们跟着我这样做。那时我担任电台的总编室主任，带编辑记者，也带学生。当时诸暨电台也有外宣任务，要求每个记者一年要被上级新闻媒体采用多少篇（作品），考核的指标很单一，而且还必须得是广播对应广播发稿。我觉得这样不行，与领导争执。我认为，一个好记者一定得是"放养"的，不能"圈养"。"圈养"会弱化一个记者的能力，如果是一个负责的媒体，应该要培养记者多方面的知识和技能，鼓励记者写报纸、刊物、电视的稿子，甚至文学艺术作品，兼收并蓄，业务能力提高也快。后来领导也觉得有理，就默许了。结果那几年，我们记者的外稿遍地开花，写作能力提升明显。中央人民广播电台副台长王汝峰老师听了我介绍的做法，欣喜地说，这叫"诗外工夫"。他看了我们的一些新闻作品，在全国一次大会上推介，认为小台记者能把新闻作品做得如此大气又有文采，实在少见。

后来，我带的学生虽然不做广播了，去了报社、杂志社，甚至影视公司，也差不多都是业务尖子，有的作品获台湾电影金马奖，有的人还担任奥斯卡金像奖纪录片评委。这些学生回过头来说，赵老师您身体力行这么多年，我们受益了。我在带学生的时候，都会用自身去示范，不同介质的媒体文本，我都会去尝试，积累自己的本领。

因为我觉得只认一条路走，总有它的尽头。最好的教材应该是无声的，是自己打样给学生看。

"小飘萍"：不断创新、涉猎广泛是您职业生涯中非常鲜明的标签，您曾经为中国广播创造了第一部复合广播剧，当时您是怎么想到这种创作形式的？

赵卫明：记者首先是个杂家，要在日常积累知识。我收藏图书上万册，影碟上万部，用的是连学带"偷"的笨功夫。你说的那部广播剧，我觉得它的诞生是偶然，也是必然。

那一次，中国广播剧研究会在安徽黄山召开创作会议，总结反思。会上提出来一个困惑大家的现象：现有的中国广播剧内容传统，老套，而且形式很单一。至于如何突破困境，大家也提不出切实可行的路径。会议进入冷寂的时候，我站起来发言。我说中国广播剧落伍于时代，是因为我们没有依托现有的互联网技术，依然在传统的天地打转。时代已经为我们创造了机遇，正是创新的窗口期，广播剧应与其他媒体手段、内容、技巧大胆进行融合，到时候电视也可以用、广播也可以用、手机也可以用。中央人民广播电台原台长、中国广播剧研究会会长安景林当场点将：那就由你来做一个！在这次黄山会议上，我承担起了这个创新的任务。

当时电视剧《亮剑》非常火爆，引起了我的兴趣。我关注到其中一个叫"和尚"的角色，觉得他身上有很多有趣品质，譬如爽直、干练、纯朴，是符合当下审美情趣的，所以就以这个角色为原型，进行重新创作。我以电视剧里面的录音作为素材，首先遵循了广播剧的艺术规律，又用了电影的一些手法，比如蒙太奇剪辑，重新编创了故事，最后用广播剧的形态呈现，第一部复合型广播剧《烽火武僧》就这么诞生了。一时间，广播剧界、文艺界给予不少好评。该剧后来在中央广播台进行播放，许多地方台跟进播出，同时也没少拿奖，其中包括中国广播剧金奖，并被推荐参加全国"五个一工程"奖评选。现在回过头来看，当年一剧走红，其实是它的叙事方式和作品形态给全国广播起到了一个创新的引领作用，也算开创了一种新的形式，诞生了一个新的类型。

因此，我常常对同行说：如果我的作品有什么新鲜之处，那也无非是比别人多走了半步，这半步就是胜人之处。

深入一线寻找灵感

"小飘萍"：您在基层采访的方式也让人印象深刻，好像都是骑自行车去，而且骑废了十多辆自行车。能跟我们分享一下您一直以来的采访方式、采访心得吗？

赵卫明：我是农村出来的，即使后来进城，对于基层仍然有一种天然的、与生俱来的亲切感。几天不下乡，人就不自在。我最怕与人和场景隔着。与人交流必须置身在一种气场中，我要走进气场里面，要到特定的场景里面，这样才有可能产生同频相谐，同声相应的效果。要走进这个现场，直接到这个场景里去。我发现汽车跟自行车是不一样的，骑着自行车去，人家就马上感觉到你很亲切，很接地气，他们会觉得"你这个人跟我们是同类"，能一下子打通人心之间的隔阂。如果走进对方的内心，他就可能掏心掏肺地和你交流，把你当朋友。

我现在虽然住在城里，但我的朋友大部分都在乡村里。我的乡村朋友很多，广电大楼的门卫保安看到有农民或者农村干部来办事，首先会问是否找赵老师的，然后领来我办公室。而且我还有个习惯，一般到下面去跑新闻的时候，很喜欢住在村里。因为我也会干农活，懂农事，他们收割的时候我帮着一起收割，插秧的时候我也会插秧，很受他们欢迎。其实，我也有自己的"小九九"，把下乡的昼夜切分为两个功能来用。常常是白天在新闻采访，晚上的时候喜欢跟他们聊天，积累文艺素材。一句话，白天是为了报道，晚上是为了创作。我觉得，这样两方面的素材带回来，就是沉甸甸的收获。

我去偏远乡村采访，夜宿路边旅馆是常有的事。采访当天晚上，我就趴在旅馆的小桌子上开始写小说了。我有好几部小说都是采访时在乡村旅馆里面完成的。我在小说创作中虽然没有留下什么经典的文字，但也算写了很多鲜活的内容。现在回忆起来，生活给我太多的创作素材，我感谢生活所赐。在国家广电总局的表彰大会上发言时，我说已经骑破了12辆自行车。那是2008年前的事情，这么多年过去，至今我还是习惯骑自行车下乡采访，现在虽然没有从前隔三岔五那么勤，但一个礼拜也会去一趟乡村。对此，我叫"鱼儿洄游"。

"小飘萍"：回过头来看这些年做的事情，您留下来的感触和感悟是什么呢？您对广播行业或者新闻记者这份职业是怎么看待的？

赵卫明：我已经在电台从业40年，把最好的年华给了基层广播。有许多人对我不解，甚至惋惜。我一个很好的朋友说："卫明，你这个'六朝元老'难道对职位一点不动心吗？"他的意思是，我连续当了6任台长的副职，"扶正"的机会很多。我说心甘情愿，心满意足。一个人要洞察人生之路，要有懂得感恩之心。我的心思都在基层，也很感激广播给予我许多。实际上我文化程度不高，也不是科班出身，但一边实践一边探索，把工作作为一种实践和修持，从没想过去混个一官半职，只想当个称职的时代记录者。

人生苦短，我从来没有迟疑蹉跎过。既然进入这扇门，自己内心宁静，内心满足，如此就够了。我觉得我也没有什么向往，太功利太世俗的东西只会堵塞人的心窍，我只想把自己做得纯粹些。回过头来看，对事业，有人评价我这个人是忠心耿耿的，但其实我也是个"见异思迁"的人。别人可能会疑问这不是相悖的吗？是矛盾的吗？我说其实也是高度统一的。我的身心安安分分地坚守在这个地方。我对事业，是像对我初恋的情人一样去执着、痴心地爱她，否则三心二意肯定是做不好事情的。说自己"见异思迁"，是因为我的内心活泛，厌恶一成不变。在我看来新闻之新首先是内容之新、语言之新、思维之新、形式之新，其次一个记录者也不应止步于新闻，要把采集到的素材用足用好，不辜负生活与时代的馈赠。实际上我的文学艺术创作就是新闻的延伸。

我有一位教授朋友说，优秀的记者首先该是个文体家。这句话一直"诱惑"着我。这么多年来，我拿出去参评的作品形态一直饱受争议。他们说赵卫明送评的作品，有时候让我们很为难，常常是些我们没有看过的类型，说它是新闻，它里面又含有戏曲的、广播剧的，甚至影视的那种手法的，你说它是文艺，它有许多内容又有新闻的东西。也就是说，我这个文体里面"你中有我，我中有你"，弄得他们拿捏不准，左右为难。我听到后，偷偷在笑，你们成天嚷嚷要融合，这不就是文体的融合尝试么？

有专家认为，我的语言质朴又清新，有媒体"山药蛋派"之风；也有人评价，我的形式多变，不拘一格，常常出新。我说你们干脆叫我是媒体的"鸭嘴兽"算了。反正四不像，人家说成功也好，不成功也罢，我都会这样做。否则如果经常重复已有的形式，都是一个样式、一个腔调，在我看来面目可鄙，是很无趣的。坚信自己，让人家去说，我一定要朝新的地方去走新路，哪怕是冒险也值了。我创作的目的并不是为了迎合评委去拿奖。对我来说，因为创新引发了大家的争议，以及业界的关注，这比一件作品获奖更具意义，也更加值得欣喜。

"小飘萍"：您看了那么多书，能告诉我最打动您的文字是哪一段吗？作为一名跨界新闻、文学、戏剧的"复合型"媒体人，您心目中的人生参照都有谁？媒体竞争进入"战国时代"，您对年轻同行，尤其是小媒体的年轻同行有何寄语？

赵卫明：读书其实是一种与贤者心灵的围炉夜话，时常能听到他们的妙语连珠、睿智思维，吸收后转化为我自己的成长营养。就在前几天，我读艺术大家黄永玉先生的自传体小说《无愁河的浪荡汉子·走读》，其中有一段话描述主人公张序子，拿来自勉。先生是这样写的："他谁都不像。他不是孤雁，从未让谁抛弃过。不是驴，没人给套过'嚼口'。不是狼，他孑然一身。不是喜鹊，没报过喜。不是乌鸦，没唱过丧歌……"当然，记者这个职业有些特殊，要赶得了热闹，更要耐得住寂寞，在追寻真相与事实的道路上，开始时也许是匹孤狼，但绝不会落单。

没有路标的旅程，容易迷失在暗夜与浓雾之中。我很有幸，进入新闻行业的时候，正值县级广播鼎盛时期，一时人才济济，他们都成了我事业的参照，影响我至今。后来，我的人生参照，国内的有邹韬奋、范长江、穆青、戴煌等；国外的有法拉奇，能够遍访世界，所向披靡，还有肯·福莱特与科尼利厄斯·瑞恩，一位由记者而成为中东问题专家和世界间谍小说翘楚，另一位以战地记者的视野接连写出了《最后一役》《遥远的桥》等不朽的报告文学名作。

有人说，平台就是舞台。媒体大有大的空间，媒体小有小的优势，别小看了小媒体，它们是中国的大多数，照样装得下那些记者宏大的理想。著名"龙套演员"黄宗洛老师的名言"只有小演员，没有小角色"，说的就是这个意思。我在拙著《小媒体生存》里有这样的题记：媒体有大小之分，记者有高下之别。

我们虽然身处中国传媒业最底层的县域一隅，但是，之所以为媒体，是因为其报道传播的新闻价值尺度，与任何媒体呈现同一取向；之所以为记者，是因为其追求的专业密度，与任何记者置于同一层面。

四、"小飘萍"心得

基层，需要像赵卫明老师一样的新闻工作者，笔耕不辍，创作不停，初心不变。

在基层媒体单位，自由翱翔、不断历练，他就像执着、痴情的人将深爱的新闻事业耕耘到极致、呵护到足够丰满。采访赵卫明老师的一天是新闻行业新人向前辈

"小飘萍"与赵卫明老师合影

学习的一天，我们深深感受到老师对"铁肩担道义，辣手著文章"的践行。在赵老师对新闻工作历程的讲述中，我们有两点印象特别深刻：一是坚定，赵老师坚定选择了基层，不忘初心去实现自己的新闻梦；二是创作，在创作这条道路上赵老师从未停下脚步。40年的新闻生涯是赵卫明老师崇高的新闻理想与脚踏实地的实践相结合的最好体现。

从一名乡广播站编辑走到今天，收获如此丰厚的作品、荣誉和地位，赵卫明老师始终以服务乡村文化事业的赤诚之心，坚守在基层文化阵地上。他不仅自己好学上进，不断提升自身业务能力，成为行业领域多面手，还用心带领团队，培养广播记者写报纸、电视、刊物的稿子，甚至创作文学艺术作品，鼓励大家兼收并蓄，使小台记者的新闻作品变得大气又有文采。

怎样才能成为一名优秀的新闻工作者？在基层的新闻工作者如何实现自己的价值？赵老师给出了这个答案：爱读书、爱基层、爱写作。"爱读书，肚子才能有墨水，爱读书，才能令自己涉猎广泛，驾驭各种文学作品，这是新闻工作者必须具备的基本素养。""深入基层，才能搜集到鲜活的素材，才能获得来自生活的灵感。""小媒体能给我们提供充分的舞台发挥才华和能力，从基层做起，扎实向前，就一定可以成为大记者。"赵老师这些来自基层、贴近生活的亲身实践和工作感悟，将鞭策我们在新闻道路上孜孜不倦、砥砺向前。

五、人物评析

一生择一事，一事终一生。40年扎根县域一隅，基层采访骑废了十多辆自行车，赵卫明的新闻理想在诸暨开始，也在这里盛放。他熟悉这片土地，更热爱、钟情于这份事业，一隅的新闻对赵卫明而言是座可以不断挖掘、层层筛选的"富矿"。他将新闻融合转化，嵌入小说、戏曲、广播剧、影视剧等不同形态，他的创新成就了中国广播中第一部复合广播剧，也将自己锤炼为一名跨界新闻、文学、戏剧的"复合型"媒体人。几十年如一日的基层媒体实践，诠释的是新闻人对于新闻理想的坚守，迸发的是新闻人对于内容创新的智慧，更是不断追求卓越、为我们的新闻事业奋斗终生的执着。

评析人

邵鹏，上海交通大学教授、博士生导师

顾良达
热爱是坚持的理由

顾良达，第十四届浙江飘萍奖获得者

一、人物介绍

　　顾良达，舟山市新闻传媒中心党委委员、副主任、副总编辑、高级记者。先后获得舟山市首届十佳新闻工作者、舟山市劳动模范、舟山市宣传文化系统"五个一批"人才、浙江省广电系统先进工作者等荣誉，数十件作品获得各类省级奖项。曾多次承担各类直升机航拍任务，累计飞行时间超过 100 个小时，飞行距离超 2 万公里，被誉为"舟山直升机航拍第一人"。第十四届浙江飘萍奖获得者。

二、人物代表作

（一）代表作信息

新闻消息：《"江海直达 1 号"成功通过南京长江大桥　开启江海联运新时代》
首发时间： 2018 年 4 月 8 日
首发平台：《舟山新闻》

（二）创作背景

2018 年 4 月 8 日，"江海直达 1 号"（中国首艘江海直达船）成功穿过南京长江大桥，这是国内航运界的大事件，在江海联运发展史上具有里程碑式的意义。

为了做好此次报道，在"江海直达 1 号"首航之前，顾良达与特派记者多次策划，形成了一套详细报道方案。在船只由舟山向马鞍山行进的全程，他始终与前方密切沟通，应对各种变化，不断调整完善报道。报道从出镜文稿到机位布设等环节均经过顾良达的提前精心设计，才最终达到水到渠成的效果。同时，顾良达充分发挥电视场景与画面优势，尤其是架设在驾驶台的 GoPro（运动相机）所拍摄的画面，完美呈现了"江海直达 1 号"成功穿过南京长江大桥的瞬间，现场冲击感十分强烈。

（三）代表作

"江海直达 1 号"成功通过南京长江大桥
开启江海联运新时代

【导语】

今天上午 10 点左右，从宁波舟山港鼠浪湖矿石码头始发的 2 万吨级"江海直达 1 号"成功通过南京长江大桥，成为我国有史以来通过该大桥的最大载重吨位船舶。让我们跟着镜头，共同见证这历史性的一刻。

【同期声】

特派记者　王梁：现在是上午 8 点，再过 2 个小时后，"江海直达 1 号"将通过南京长江大桥，此时，我身后的水手长正在准备启动液压装置将桅杆放倒，这样的特殊设计可以让船高一下子降低 5 米，从而使其与南京长江大桥桥底之间多出 4 米间距,确保船舶安全通过。

"江海直达1号"船长 程颐:喂,机舱,通知老轨(机舱长)值班,准备过南京长江大桥。

【正文】

由于受长江航道水深的限制,以往,满载的2万吨级海船无法进入南京长江大桥水域,而且大桥的通航净高也无法满足2万吨级船舶通过。正因为全新打造的"江海直达1号"船在构造上的独特设计,能满足航道水深以及大桥通航净高的要求。

随着大桥临近,船员们各自就位,不过大家表现得非常平静,除了过去有多次驾驶其他船只过桥的经验外,最主要的是他们对江海直达1号充满信心。

【同期声】

"江海直达1号"船长 程颐:信心十足,这个船高度又不高,满足它(通航净高)的要求,速度又能达到,操控性能又好,这个过桥肯定是有保障。

【同期声】

特派记者 王梁:我们现在距离南京长江大桥越来越近,到时候,"江海直达1号"将从大桥的北岸往南数的第四个桥孔下通过大桥,让我们一起见证这激动人心的历史时刻。

【字幕+过桥场景】

(过桥画面15秒左右)

上午10点25分,"江海直达1号"顺利通过南京长江大桥

【同期声】

"江海直达1号"船三副 吴洛谊:南京交管(中心),"江海直达1号"安全通过南京长江大桥,向你报告。

【同期声】

特派记者 王梁:现在,江海直达1号已经顺利通过了南京长江大桥,完成了本次江海直达首航之旅最为关键的一步,可以说,它刷新了一项历史记录,成为能够在南京长江大桥上游水道中航行的最大载重吨位的船舶,接下来,让我们跟着"江海直达1号",朝着终点站马鞍山港前进。

【正文】

在此之前,我国对船舶建造规范和适航标准,只实行海船和内河船两大标准,而"江海直达1号"按照新出台《特定航线江海通航船舶建造规范》建造,比同类型的海船造价节省10%,载重量增加13%,能效提高12%,既"宜江",也"适海",由此

形成了介于海船与内河船之间的第三套造船标准，成为我国造船能力的一大突破，更重要的是对于我国实现江海直达联运、推进长江经济带发展具有重要意义。据介绍，来自宁波舟山港的矿石、粮食等大宗进口物资由海入江，以前需要更换成运力较小的江轮，如果要运送到长江中游港口，就要在南京等港口卸载或中转，甚至要多次转运，效率低、成本高。以马鞍山为例，以往的船只一般要中转两次，耗时 96 个小时，而"江海直达 1 号"理论上只要 36 个小时就可以直接抵达，其中可以节约中转费用16 万元。

"江海直达 1 号"于 4 月 5 日下午 2 点满载 2 万吨铁矿砂，从舟山鼠浪湖矿石码头出发，预计今天傍晚抵达马鞍山港。

访谈视频

三、"飘萍"面对面

热爱，是新闻人坚持的理由

"小飘萍"：您《"江海直达 1 号"成功通过南京长江大桥　开启江海联运新时代》的报道，在 2019 年获得浙江省新闻奖一等奖，可以请您谈谈这次报道中都做了哪些工作吗？

顾良达：那个题材我到现在记忆还是很深刻，因为这是舟山开启江海联运的历史性的时刻。前期策划很早就开始启动了，但采访拍摄难度依然挺大。因为记者一直在船上，所以后方要跟前方记者一直保持沟通，保证他们在船上记录下重要节点。

船只过桥时，既要拍桅杆降下，又要拍船身穿越南京长江大桥，只有一个摄像机位肯定来不及，所以我们提前在船上安装了一个 GoPro，最终穿越大桥的刹那被完整记录下来，这个镜头到现在都一直在用，成为一个非常经典的画面。这个过程中，我们后方一直在指挥前方记者，与船长进行沟通。整个过程大概有四五个昼夜，经常会出现手机信号中断的突发情况，特别在进长江之前，海上通信难度很大，但前后方一直保持着这样的联系。

"小飘萍"：我们了解到，在您的带领下，舟山电视台在对外新闻宣传协作方面也实现不少突破，您能介绍一下吗？

顾良达：2020 年左右，浙江省各地市广电发展情况都不太理想，舟山广电也到了一个艰难的时刻。当时浙江省有 89 个县级台，11 个市级台，加起来刚好是 100 个台，可谓"百舸争流"，对外宣传的竞争可以说非常激烈，对舟山来说，报道的体量

"小飘萍"与顾良达老师合影

很小，我们硬件各方面可能跟一些实力强大的的市级台也有一些差距。

当时我们想，只要我们努力去做，肯定能改变新闻对外宣传落后的局面。当时的想法就是对标浙江卫视，我们要求所有记者争取每天都看浙江卫视新闻栏目是怎么做报道的，他们传播的新闻理念到底是怎么样的；还要求每个记者每个月要写两篇对浙江卫视新闻的观后感，这样倒逼大家去看，而且要有收获。他们写的文章会在业务分享会当中作为交流，来检验他们学习的成果。

另外，要把舟山的题材优势给发挥出来。舟山有海洋特色，有部队特色，还有自贸区特色，这些都是我们新闻宣传可以利用的一些"人无我有"的题材，我们把这一块做到极致。非常令人欣慰的就是，近5年我们外宣基本上走在全省第一方阵，2021年还夺得电视新闻协作第一名，被省里称为新闻对外宣传的一匹黑马。

"小飘萍"：自2014年开始，您负责的电视问政节目始终呈现现象级的热度，您能谈谈热度不减的原因吗？这档节目在全省问政类节目评比中获得二等奖，它区别于其他问政类节目的亮点是什么呢？

顾良达：这档问政节目是2014年4月30日开播的，现在改名为《问政舟山》，通过线上与线下直播的形式播出。与全省其他地市不一样的是，我们的问政节目始终没有间断、一直在办。问政节目有这样的生命力，首先离不开市委、市政府的支持，因为舆论监督节目必须"借力"，没有上级的支持，节目很难办下去。

从我们自己的角度来看，一个关键词就是"理性"。我们更多的在建设性上面下功夫，我们提前都有一些思路，把政府部门负责人请过来，必须围绕怎样解决问题、推进工作这条主线，而且不刻意去追求场面上的激烈刺激，比如一定要让官员脸红出汗，我们没有这样做。我们提出来的观点是真实客观的，是从促进整改的角度来做的。一开始政府部门负责人害怕上问政节目，到后来慢慢接受，他们也觉得问政对实际工作改进有帮助。

随着媒体融合的推进，我们从去年开始尝试线上线下同步直播。以前问政场面比较大，一大帮人在大演播厅里面做，后来我们尝试线上直播，把三个政府部门负责人请来对话，以小屏直播为主的方式进行。小屏直播的好处是，可以轻松实现同步连线，并开展与受众的互动，问政过程更加轻快。我们第一期推出的时候，线上的直播收看量就达到了 10 万＋。对舟山这样一个小规模人口的城市来说，能够有 10 万多人次观看浏览，已经达到传播效果了。节目同时也实现了网友互动和不间断的连线直播，传播效果非常好，也得到了各级部门的认可。

去年市委宣传部把这个节目作为创新的表彰项目。我想，基于建设性来推动工作，这应该是问政生命力的来源。现在很多台的问政栏目都停下来了，可能跟刻意追求场面火爆有关，生命力反而受到影响。

"小飘萍"：您负责的节目《新区聚焦》开播至今已播出 400 余期，得到党委政府的高度重视，能不能谈谈该节目的特点、您具体负责的工作情况以及过程中的难忘经历？

顾良达：《新区聚焦》是我 2015 年创办的，每年播出 40—50 期，平均每周做一期。节目跟《问政舟山》一脉相承，更多是从建设性角度出发，选题反映的问题能够得到整改，我们就做。

对我来说非常欣慰的是，很多《新区聚焦》的选题，可能是来自我对新闻的执着和热爱。从《问政舟山》开播直到现在，我双休日只要稍微有空，就开着车到处去跑，会发现很多线索。《新区聚焦》的线索，我是主要的提供者。现在我们走在舟山各地，能看到很多被《新区聚焦》报道后进行整改的情况，特别是前几年舟山创建全国文明城市，《新区聚焦》的发力基本上就定位在文明城市短板问题的整改，点大面广，现在我走到哪里都能看到，《新区聚焦》曝光的问题已经整改好了，我觉得非常欣慰，这就是舆论监督产生的效果。城乡各地角角落落都有我们《新区聚焦》曝光过的点位，我希望一如既往地坚持下去，这样的舆论监督对当地经济社会发展进步会有建设性的作用，这就是我们媒体另一种担当的体现。

"小飘萍"：关于《新区聚焦》栏目报道的整改，节目播出之后，观众以及市民有什么反响？

顾良达：市民反响肯定是好的，因为一些地方原来存在的乱象，整改效果很好。

一开始可能对于政府部门来说是有压力的，因为毕竟它要整改，而且要有一个整改专报给市委督查室。《新区聚焦》是一个联动机制，如果被曝光后整改不力，对他们来说压力更大。但是时间久了大家也接受了，我们对事不对人，的确是在推进工作，而不是要处理哪一个干部。所以舆论监督的氛围目前在舟山总体上是良性的，这一点也让我们感到欣慰。

"小飘萍"：您组建的"舟山市千手公益爱心联盟"，整合全市社会公益力量，带来了良好的社会效益，请问您当时出于什么初衷去做这件事情？

顾良达：我们有一个《汪大姐来了》栏目，主持人汪大姐非常亲民，也是一个亲力亲为做公益的人，她跟我同岁，到现在还在孜孜不倦地做公益。一直以来汪大姐是我们舟山很有影响力的主持人，我们就利用她这个身份把公益做得更大，因为公益单单靠媒体自身的力量是有限的。

社会上其实有很多公益组织和热心的企业市民，但他们不知道到哪里去帮助社会、做好事。"千手公益爱心联盟"这个平台搭建以后，可以把全市公益力量整合到一起，我们提供相关信息，牵线搭桥，让他们能够找到帮助的对象，再通过我们的报道，把影响力继续扩大，这个效果非常好。

舟山地域环境很特殊，有很多小岛。小岛上的老人看病难，需要各种照顾，甚至买菜也是问题。有一次我在做公益创投评委的时候了解到，小岛上的老人连大饼油条都吃不到，因为大饼店、油条店不会开到那么小的地方去。我获取到这个信息以后，希望能帮他们实现这样一个心愿，虽然只是吃大饼油条这样一个很小的心愿。"千手公益联盟"就与岱山几个公益组织一起联动，把大饼油条送到小岛上去。当然肯定不会只是送大饼油条，也包括其他的服务项目，比如他们说豆腐也蛮难吃到，我们就把豆腐也送过去了。小岛上的很多老人需要老花镜，我们也联手爱心企业，到现在为止送出了几万副老花镜。大多数小岛上老人的老花镜，就是通过《汪大姐来了》以及"千手公益联盟"领到的。

我们做这样的好事，也是希望让媒体能够得到社会的认可，无论是原来的舟山广电还是现在的舟山市新闻传媒中心，能在舟山社会各界有好的口碑，应该也有在公益这一块做出品牌的原因。

"小飘萍"：听说您是"舟山直升机航拍第一人"，您能聊聊直升机航拍的经历吗？

顾良达："第一人"是大家给我冠的美名，我当时飞直升机次数的确是非常多。以前没有无人机，要航拍得使用直升机。

我个人航拍的全部飞行时间大概有 100 个小时，飞行里程约 2 万公里。舟山大大小小岛屿的上空我全部飞过，把重大项目开工的所在地、岛屿的风貌、码头港口全都记录下来了，这也为当时舟山和我们台积累了大量的航拍素材。这些材料价值非常大，比如说找历史资料的时候，在这些素材里可以找出很多东西。

航拍的过程其实很累、很痛苦，坐在直升机里拍东西是一种煎熬。因为一般要连续飞 3 个小时，整个过程全是轰鸣声，我们又不能塞耳塞，因为要跟机长对话，引导他怎么飞、要飞哪里、怎么个飞行方式等。同时我们还要操作机器，三四个小时蹲下来，有时候落地以后耳朵听不到声音，脚不会走路，要休息好一阵才能缓过来。

直升机航拍最煎熬的就是要等待最佳的天气时机，让人很焦灼。有时候想着天气预报这两天天气很好，我们去做航拍，但是能见度、天空的透度是预测不到的，可能预报是晴天，却有一些雾气一样的东西，这些对航拍会有影响。

但乐趣肯定也有，整个千岛新城的角角落落我们都飞过，留下的美好记忆也还是蛮多的。比方说有一次航拍普陀山大佛，在确保安全的情况下，我们飞得比较低，很靠近大佛，下面很多游客都在挥手，万人簇拥的场景我们都记录下来了。

"小飘萍"：非科班出身的您能成为优秀的全能型记者，在早年一定经历了很多，能介绍一下这段经历吗？

顾良达：我本来学的是会计专业，转型当记者是因为我很喜欢做新闻。我从高中就开始写报道，后来电台认可我写的东西，就把我从供销社系统调到媒体做专业的新闻记者。对我来说这是人生最好的选择，到现在我都没有后悔，因为我喜欢，所以我做了 30 多年，感觉一点也不累。最近有一些夜市开业非常受欢迎，我昨天晚上边散步边用语音写了一篇评论，可以当天在"小屏端"推送。到现在我还感觉停不下来，当然现在更多的精力可能放在管理部门做一些大的策划。30 多年来，我从来没有厌倦，有人说你这么累，的确是累的，但我觉得做自己喜欢的事情，身体累，心不累，所以还会持续不断地去做，而且用心去做。

从朱家尖海峡大桥 1996 年开工，到 2009 年舟山跨海大桥建设通车，这十几年里面，我一直在做大桥报道，所以我对大桥建设的一些专业知识都烂熟于心。我去采访可以不用带笔记本，也基本上不用给我介绍什么情况，我就能把稿子写出来。到现在一些大桥的数据我都记忆犹新，朱家尖海峡大桥 2706 米，岑港大桥 792 米，桃天门大桥主跨 580 米，金塘大桥 18 公里，我到现在都还记得。

这也是可以提醒年轻记者的，做新闻工作，你喜欢了，才会用心去做，更需要有很多积累。但现在很多年轻记者缺乏积累。比如说我审片，他们很紧张，因为我能发现问题，找出破绽。其实这么多年下来，我称不上专家，但我是各行各业的杂家，我接触了农业、渔业、工业，我一看就知道，一些专业的数据对不对，所以年轻记者做报道出现的问题一般是瞒不过我的。

30 多年从业经历中，我曾经有一年半时间离开了舟山广电，在另外一家单位从事行政工作。但我还是忘不了新闻工作，每天晚上看新闻，他们用的资料画面还是我拍的，这份情结我就解不开。所以一年半以后，当时台里希望我回来，我就又重新回来做新闻，我还是那样满腔热情地投入新闻事业。

"小飘萍"：做媒体要与时俱进，您源源不断的创意是从何而来的呢？

顾良达：我觉得主要靠学习，要不断学习、与时俱进地学习。从我们台自身实力来说，要做原创性的创新挺难的，关键是引进和吸收，我觉得引进就是观摩人家的东西，然后自己拿过来加以创新。我每天临睡之前会刷手机看人家的内容，当然，不是纯娱乐的东西。之前我对抖音没有关注，后来因为我要审抖音号，就开始研究抖音。抖音号需要流量，我会跟一线编辑记者一起想选题、做标题。标题怎么做？我们主流媒体肯定不能做标题党，但标题又不能很直白，否则大家看了以后就没有点进去看的欲望了。应该做到什么份上，我会跟大家一起探讨。主流媒体、新媒体的标题到底怎么做？我们说要做到意犹未尽——既能够让人看懂大致是一个什么事情，又不能完全看明白，要有吸引力，同时主流媒体的导向纪律我们一定要遵守。

我们更多地在于这样不断引进吸收，不断地翻新，引进来的东西，肯定要自己加以改造、提升，否则就变成搬运，照抄照搬肯定不行。所以我说，既要对大家狠一点，又要对大家好一点。狠一点，就是说我们有一些要求大家必须做到；好一点，就是从人文上要关心小伙伴。制度也好，创新也好，人文关怀也好，各方面都要做到，这样团队才有战斗力，才能在新赛道上奔跑。

"小飘萍"：您从事新闻事业的时候有没有遇到过困难？

顾良达：从业这么久困难肯定是有的。但因为你喜欢这份事业，所以你会一个个去攻克它。就像策划报道，我经常会否定大家的一些东西，为什么否定？因为他们沿用了过去的东西。我有一个习惯，过去做过的方案都扔掉了，电脑里都不存，因为下一次做策划方案的时候，我一定要另起炉灶，重新来过，否则你过去咋样现在也咋样，就不会进步。所以我写材料的时候，他们说你过去写的东西改一下就好，但我不改，要不断地翻新。新闻肯定要不断创新。

"小飘萍"：您认为浙江飘萍奖代表怎样的精神？您觉得什么样的新闻工作者能够获得这个奖？

顾良达：浙江飘萍奖是浙江省新闻工作者最高的荣誉，是以新闻界的前辈邵飘萍先生命名的。想要获得飘萍奖，首先你要有对党的新闻工作的一种热爱；其次从个人角度来说，你一定要有新闻理想，这个理想从飘萍奖的站位来说更多的是传播主流价值，也就是做党和人民的"喉舌"；再一个是，要有收获，要有业绩，要有优秀的作品，从我现在身份来说，还要带好整个团队。

四、"小飘萍"心得

新闻工作是一项艰辛且具有挑战性的工作，这意味着新闻从业者不仅要有超强的业务能力，还要有面对困难依然坚持前进的勇气。

作为长期深耕采编一线的新闻人，顾良达老师有着丰富的从业经验，见证了许多舟山发展的历史性的时刻，产出了许多优秀新闻作品，也收获了很多荣誉，但他从未放慢自己前行的脚步。他这些年的足迹遍及舟山所有乡镇，也走过舟山大多数住人岛屿，在顾老师身上，我们看到了他对新闻事业始终如一的热情和坚守。更难能可贵的是，非科班出身的他，一直坚持不懈地学习，他自学了各方面技能，成为能写、能拍、能后期制作、能做导播、能做全媒体传播的全能型新闻人才，在各类重大主题报道、重要时政报道以及大型宣传活动中从不缺席。

"人沉浸于自己的热爱中时是会发光的"，用这句话来形容顾老师和他的新闻事业再合适不过。"我觉得做自己喜欢的事情，不会感觉到累，其实身体累，但你心不累，所以你还会持续不断地去做，而且用心地去做。"顾老师的热爱，让他把新闻事业当成了生活，无论外界环境如何变化，他始终没有忘记他最初的理想，那就是做一名优秀的新闻工作者。在与顾老师的接触中，我们真正理解了新闻工作者的使命和职责，深刻领悟到这份工作对社会的重要性，也从中汲取了前行的力量。

五、人物评析

"我是那样满腔热情地投入到采访当中，从未厌倦。"这是顾良达满含深情的告白，从事新闻事业 30 多年，他的激情从未消退。作为记者，他坚守一线、勇于创新，积累了丰富的航拍经验，为新闻报道注入全新视觉元素和观感体验；作为管理者，他富有远见卓识又勇于创新，主导的电视问政节目始终呈现现象级的热度，电视外宣工作夺得全省第一名。当媒体深度融合成为行业发展趋势，他又选择新媒体赛道，相继策划一系列重大主题报道，成功打造了具有"新区气质"和"自贸特质"的新闻品牌。"紧贴时代脉搏、视角独特客观"始终是他坚持的从业标准,"脚下有泥,心中有光"始终是他坚守的新闻理想。

评析人

陈志强,浙江万里学院文化与传播学院院长、教授

？ 本章思考讨论

1.浙江飘萍奖获得者们扎根基层、不忘初心、锤炼本领,发掘了一批"接地气、冒热气、有生气"的新闻故事。请选择一位浙江飘萍奖获得者,分析其报道如何体现对基层的深入理解和热爱,思考讨论新闻工作者在基层的角色与责任。

2.优秀的新闻人通常具备高度的专业素养、坚定的职业道德和卓越的新闻实践能力。新时代新闻工作者应如何持续提升自己的专业知识和技能,以适应不断变化的新闻环境?

第四章

融合发展

开创未来

CHAPTER 4

融合发展　开创未来

CHAPTER
4

张 姝

只要有 1% 的希望，就要尽 100% 的努力

张姝，第十二届浙江飘萍奖获得者

🎤 一、人物介绍

　　张姝，任浙报集团浙法传媒总编办主任（兼浙江法治报办公室主任），高级记者。曾任《都市快报》和《杭州日报》的首席记者、杭州市委宣传部"杭州发布"副总编辑、天目新闻人文中心主任、潮新闻深度报道中心副主任、文旅中心副主任、《茶博览》杂志执行主编。获中国新闻奖、杭州市劳动模范，第十二届浙江飘萍奖获得者。

二、人物代表作

（一）代表作信息

报纸通讯:《吴菊萍　勇敢的妈妈　伟大的母亲》

首发时间: 2011 年 7 月 3 日

首发平台:《都市快报》

（二）创作背景

2011 年 7 月 2 日中午，杭州年轻母亲吴菊萍，因伸手勇接从 10 楼坠下的 2 岁女孩妞妞而受伤。

了解到吴菊萍已被家人送到富阳中医骨伤医院，《都市快报》编辑部立即给正在距富阳 150 公里的千岛湖休假的医疗跑线记者张姝下达了前往采访的指令。得知有采访任务，张姝中止了休假，驱车奔赴富阳。从下午 5: 00 开始采访吴菊萍到凌晨 0: 30 截稿，她写出了后来荣获中国新闻奖的通讯作品《吴菊萍　勇敢的妈妈　伟大的母亲》。

作品刊出后，被新浪网首页及腾讯等各大知名网站全文转载。数小时内，网友在通讯文后留言 8000 多条，称赞吴菊萍是"最美妈妈"，"最美妈妈"的称号由此而来。这篇通讯也成为国内外很多兄弟媒体跟进报道的依据和线索，使吴菊萍迅速成为全国关注的英雄人物。

"最美妈妈"是"最美现象"的第一个"盆景"，由此"盆景"到浙江"风景"再到全国风尚。该篇稿件被外媒广泛转载，是讲好"中国故事"的标志性案例。

在这篇报道之后，不仅浙江省新闻界持续挖掘"最美"，全国新闻界都开始在社会生活中、在新闻实践中发现美、培育美、宣传美、弘扬美；从"最美土壤"中孕育"最美群像"，向民众传递"最美能量"；让新闻挖掘的美德，升华为社会精神财富的桥梁。具有强烈新闻时代特征的"最美"一词经久不衰，迄今仍然迸发着蓬勃的生命力。

（三）代表作

NEWS　DUSHIKUAIBAO 都市快报 K 热线新闻　责任编辑／何欣　版式设计／庄文新　2011.7.3.星期日　2

吴菊萍
勇敢的妈妈
伟大的母亲

记者 张妹　摄影 贾代腾飞　制图 高薇

千钧一发的紧要关头，张开手臂接住女童的这位英勇女士叫吴菊萍。

她是嘉兴王江泾镇人，来杭州工作11年了，现在阿里巴巴城自通销售客服，老公是富阳人，两口子已经在富阳买了房买了车，有一个7个月大的孩子。

吴菊萍住在滨江白金海岸23栋10楼，坠楼的女童住在22栋10楼，两户人家相隔两个楼道，但素来陌路。事发前，两家人不认识。

吴菊萍踢掉高跟鞋，张开双臂

吴菊萍的家人亲戚大量聚集在旁边病房……

富阳卫生局局长叮嘱全力救治女英雄
富阳市中医骨伤医院全免5万治疗费

一般人手臂力量只有45公斤

生了孩子后，她变得勇敢，凡事敢担当

孩子为什么会坠楼？

《吴菊萍　勇敢的妈妈　伟大的母亲》报道版面

三、"飘萍"面对面

"小飘萍"：您是跑医疗线的记者，在一些医疗场景中，肯定会见到一些人情冷暖，能不能具体讲一下这方面的经历？

张姝：我常蹲点急诊室，这里的故事时而温暖得催人泪下，时而冷酷得不寒而栗。曾经有一个案例让我印象很深。有一位到杭州打工的理发师猝死，我去采访的时候，他的家人非常悲痛，拒绝了我的采访。我没有走，留下来陪着他的家人在市中医院地下太平间旁边的一个小房间里默默地烧纸钱。

"小飘萍"：您不会害怕吗？

张姝：会害怕，但是当你沉浸到新闻的情境中，其实会忘掉很多事情，记者首先是人，然后才是采访者。陪伴的过程也是贴近采访对象，是从伴随到共同面对心理的伤痛。我陪他们烧完纸钱以后，他的家人很自然地跟我讲起死者的生前，当晚我写了一篇人物通讯，是这位不幸离世的杭漂年轻人的励志故事。我当晚回到家，已接近0点了。我先生在家里等我，他说你今天身上的味道有点怪，我说什么怪？他说你身上散发的一种气味。我才恍然大悟，烧纸钱的味道渗透在我头发里。当天，家里的热水器刚好坏了，我就趴在水龙头下洗头发，洗了头发吹干以后再睡，差不多到凌晨了。这样的突发新闻，对我来说是一种常态。我还记得一次凌晨5点多，我接到来电，说一位老人去世前亲手写下了要捐献眼角膜的遗嘱，现在老人离开了人间，她的角膜移植手术要做了。通讯员没有问我要不要去，他们知道我接到电话肯定会去，我当即只套上了一件衣服，直奔浙大医学院。一个细节是，我到了后，医务人员带上我一起，先对着老人的遗体和家属鞠了一个躬。在这之后，人体组织和器官捐献移植的医疗领域我也一直在持续深耕报道。如果想从事记者行业，一条线奔到底，我觉得医疗线是个很好的选择，里面还可以细分专业，除此之外，我还到重庆、北京深入学习艾滋病领域的病理和药理学，每年的"世界艾滋病日"都会有我的专题新闻报道。

"小飘萍"：您在杭州的生活中挖掘了很多"最美"的现象，可以再跟我们分享一下吗？

张姝："最美"这个词，其实不是我发明的，它来自网友。2011年我在《都市快报》写了关于"最美妈妈吴菊萍"的报道，最开始的标题是《吴菊萍 勇敢的妈妈 伟大的母亲》。这篇稿子第二天发表之后，就有很多大型网站和外媒转载，留言里有人自发称赞吴菊萍是"最美妈妈"。"最美"比勇敢和伟大，来得更亲切、更贴近民心，所以我们后来的报道中就用了"最美妈妈"这个词，很快也在网络上叫响了。之后我还写了"最美爸爸"黄小荣，"最美护士"杨湘英，"最美消防员"尹进良，还有"最美医生"石卓……一系列"最美人物"，他们的故事都很有生命力。所以"最美"是具有网络属性、草根属性的，到现在已经 13 年了，还有很多"最美"在生生不息。

"小飘萍"：您在采访最美妈妈吴菊萍的时候才 28 岁，还不是一位母亲，您是怎么和一个母亲共情的呢？

张姝：有很多人来问我，在情感和理智之间怎样平衡。我觉得采访的时候是应该带着感情的，带着你的情感去挖掘新闻故事，但是下笔的时候需要理性，这是感性和理性的平衡。我当时虽然不是一位母亲，但是我的新闻捕捉能力比较强，也能很快地与采访对象共情，我非常感动于吴菊萍不顾自己的生命危险去救下 2 岁的妞妞，当你自己感动了，才能写下感动他人的文字。我在 28 岁的时候写了这篇稿子，在 30 岁的时候生了孩子，当我自己成为一位母亲的时候，我对母亲这个身份有了更深的理解。

"小飘萍"：您的孩子也会给您这方面的力量吗？

张姝：对，我的孩子名字叫芒果。我怀孕的时候，遇到了先兆性流产。我到医院做了 B 超，当时肚子里的胎儿就是一个芒果的大小。一位亲戚来家里看望我，送了一个果篮，果篮里面就有一个芒果，我把这个芒果放在我老公的手上，说我们的宝宝现在就像芒果般大。胎儿也是很坚强的，我的意志力也是很坚强的，最后挺过了难关，胎儿保住了，我的肚子慢慢大了，顺利生下了孩子。我就给他取名为芒果，我是想让他知道，他在如芒果般大的时候，就已经是一个顽强的小生命了，也希望他今后如果遇到挫折，内心也能如芒果核一样坚强。

"小飘萍"：这种坚强也是从您身上遗传的。

张姝：那也没有（笑）。芒果融入了我的很多采访经历。我采访兜宝———一位脑瘤患儿的时候，也带着芒果去看了兜宝。兜宝这个小朋友很了不起，这篇稿子我写了 4 年多，我陪兜宝经历了大大小小的手术，最后他虽然离开了人世，但我在写兜宝的这个过程中，结识了很多奉献爱心的网友妈妈。我觉得这个故事的采访过程中我曾经力不从心，经历瓶颈，最后又从困境里走出来。我在北京的医院门口时常随地而坐写稿子，很多病人家属也在旁边，他们中很多人来自全国各地，很多人晚上只睡 15 元钱的通铺，我学着用各种方言和他们交流，时常谈着谈着就泪流满面。

"小飘萍"：您如何划分自己职业的阶段？

张姝：今年是我做记者的第 18 年，我的从业经历可以简单地分为纸媒和新媒体两个阶段。大学毕业以后，我打印了20份简历，装在自行车的车篮里，骑车去找工作。很有意思的是，我先骑到《人民日报》浙江站，到门口想投简历，结果大门都没进去，保安师傅说，我们这边不招聘，你回去。沿着环城西路，我又骑到了新华社浙江分社。吃一堑长一智，第一站被保安拦住了，这次我就跟着新华社浙江分社的工作人员一起进了大门，然后敲开了一位分社副总编辑的门，我说我来递一份简历。这位副总编非常亲和，认真耐心地听我的讲述，还看了我的简历和在校刊上发表的作品。他让我把简历留下，并鼓励我说新闻事业值得我去努力、去奋斗。虽然我之后没有入职新华社浙江分社，随着年纪的增长也意识到我当时是多么地唐突，但是我始终感恩这位领导当时没有打击一位新人的信心。所以现在我带实习生或者见到新闻学子，我总是竭尽我所能地去教，学着新闻前辈的样子。

后来《每日商报》招聘，200多人考试，最后只留4人，我是其中之一。笔试要求我们到杭州百货大楼临场写一篇文章。我写了关于卖鞋专柜营业员的人物专访。我还记得我写的开头："未见其人，先听其声，先听到他的吆喝声：'快来看看我的鞋'。"面试时我说，这个场景就好比《红楼梦》里王熙凤的出场。《每日商报》给了我第一份工作，我非常幸运。我在《每日商报》工作了两年。之后我到了《都市快报》工作。快报的采编团队有着非常好的氛围，团结、奋发向上，在这样的氛围里和大家集体的帮助下，我在工作的第六年，也就是2011年，写了"最美妈妈"吴菊萍。吴菊萍的系列报道持续了半年多，这是一件集体的作品，凝聚了很多人的汗水。

后来，单位里让我去学习做新媒体，我到了杭州市委宣传部挂职，在杭州发布担任分管微信公众号的副总编辑。我研究了微信两年之后，就来到了《杭州日报》的"杭+"新闻客户端。在这期间，我还参与了"学习强国"杭州学习平台的初建工作。2019年，天目新闻成立，它的slogan（口号）是"开天目，见美好"，这个理念和我非常贴近。由此我从杭报集团经人才引进政策到了浙报集团，在天目新闻和潮新闻转战新媒体平台，在新媒体方面进行探索。

"小飘萍"：您曾经提到，"稳定"是您整个职业生涯的常态，您是如何看待这个关键词的？

张姝：在我身上其实没有什么特别的，但"稳定"是我一贯以来比较好的素质。曾经有人跟我说，一个人从事一项事业，积累2万个小时，就能成为某一方面的专业人士。我33岁的时候，获得了杭州市的劳动模范，那一年刚好是我从业的第十年，这十年，我总结一下，其实无外乎"稳定"这个词。我可以在任何时候都比较专注地做一件事情，去把新闻产品交出来，无论是上班时间还是休息日，只要我沉浸在专注的状态中，可以说 24 小时都是工作状态。刚才你也问我阶段的划分，纸媒阶段，我是一个稳定的记者，全媒体阶段，我觉得我是一个进取的记者。在传统媒体向新媒体转型方面，我进行了一些初步的探索和实践。

"小飘萍"：您 2017 年获得飘萍奖，您觉得自己的画像是怎样的？

张姝：浙江飘萍奖是非常沉甸甸的荣誉，我非常珍惜也非常感恩新闻业界前辈同行们能认可我，给我这么大的肯定。所以得了飘萍奖以后，我依旧比较刻苦努力，从来就没停下过脚步。去年，我还带着记者沿着南湖出发，到了延安，去苹果园里采访果农。在之前我也带着"杭 +"新闻"老爸老妈俱乐部"的一群爷爷奶奶去采访千亩荷塘。我写了大量的论文，也没离开过一线。因为我觉得飘萍奖不仅仅是一份荣誉，更是一份鞭策，鞭策我要在新闻事业的道路上更努力、更奋进。

"小飘萍"：您做了很多新媒体方面的尝试，能否介绍一下实践中都有哪些形式？

张姝："杭州发布"是微信公众号，采用的就是一个新媒体的发布形式。我们当时做了非常细致的用户画像，总体来说以中年男性为主，18 点是阅读高峰。"杭州发布"是政务发布，它和普通媒体的微信号的区别我也进行专题研究，在全国核心期刊《新闻战线》发表了论文。我还研究了"学习强国"平台，它是一个信息类的聚合平台，在此基础上哪些稿子是值得抓取的，哪些是有用户流量的，哪些又是可以通过活动变成内容进而加大平台影响力的，这些我进行了栏目的搭建和实践。目前我还在持续研究新媒体领域。

"小飘萍"：从传统媒体到现在的新闻客户端，您觉得变与不变的是什么？

张姝：现在新媒体的迭代，是技术赋能于这个时代之后必经的转变。我觉得"内容为王"永远都不会变，好的、善意的、真诚的、真实的文字和新闻作品的价值，在任何时代都不会改变，只是换了一个表现形式来呈现。新媒体下，我们有更多的表现手法来符合当下年轻人的阅读习惯，"真实"等新闻核心要素是不会变的。

"小飘萍"：做纸媒和做新媒体，您觉得哪个会让您更开心？

张姝：我觉得你真正爱一样事业的时候，它带来的不仅仅是"开心"，有开心就有痛苦。因为当你遇到一个坎，有些症结想不通的时候，就会非常痛苦。但是挺过了这个阶段又豁然开朗，所以对这个职业是又爱又恨，它是不断交织，又不断向前进的一个过程。

"小飘萍"：您从中学开始就有当记者的想法，能不能分享一下，怎么才能够在比较年轻的时候就确定自己以后要干什么？

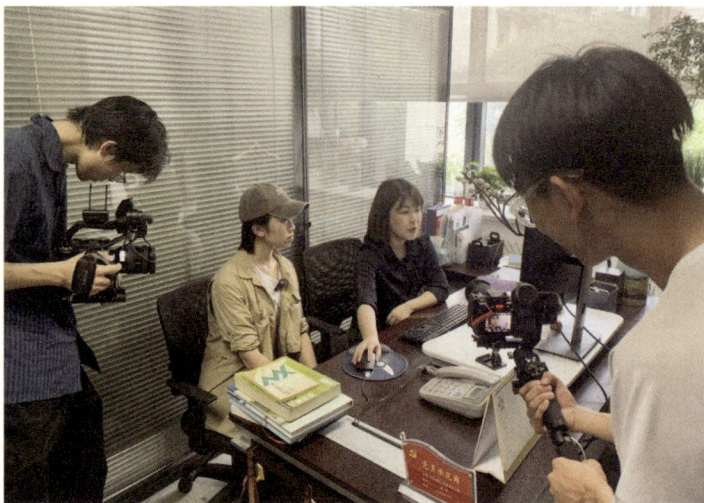

采访现场

　　张姝：可能每个人情况不同。我是从小就很喜欢写作文，语文是我非常喜欢的一门学科。我又是会对一件事情、一门心思投入的人，既然爱了，就义无反顾地去做了。我觉得新闻理想有一个慢慢的不断演进的过程，在这个路上带你的师父非常重要。我的成长路上有这么多热爱新闻的老师，在学界、业界都有很多老师来指导我，他们把对新闻工作的经验传授到了我的身上。

　　"小飘萍"：问您的问题，您都非常喜欢用故事的形式来回答，感觉您身上很有人文的气质。

　　张姝：其实新闻就是讲故事，把故事讲给老百姓听。我们新闻界提倡"走转改"——走基层、转作风、改文风。走基层就是你必须到达现场，哪怕新媒体时代，也需要在现场；转作风，是规范你和采访对象的交往方式，就像我采访艾滋病患者，采访的时候我都要跟他握手，这是最基本的一个素质；改文风就是要清新的文风，把老百姓喜欢的话，用老百姓喜闻乐见的方式给传达出来。"走转改"在任何时期都非常重要。紫藤花的花语是沉迷的爱、执着的爱，紫藤花是我们浙报人的一个象征，我觉得非常契合，浙报人对新闻也是一种沉迷的爱、执着的爱。

　　"小飘萍"：您是如何平衡压力与动力的？

　　张姝：我觉得压力和动力是并存的。我觉得自己还不够优秀，飘萍奖这个荣誉更加督促我要严格要求自己，让自己的表现能符合飘萍奖的标准。

　　"小飘萍"：您觉得自己的新闻作品自成一种风格吗？

　　张姝：如果要概括的话，我的风格可能就是情感比较细腻。我是在新闻工作中全身心投入、消耗特别大的一个人。在这方面，家里人和身边的朋友给了我很多温暖和支持，没有他们的支持，我一个人肯定是做不下去的。包括采访对象也给了我很大的支持，他们也成为我生命中的朋友。我的手机号码一直没变，就是希望哪怕过了很长时间，采访对象也能找到我。

"小飘萍"：现在对"小飘萍"，或者说对新闻系的学生，您有什么建议吗？？

张姝：要做自己感兴趣的事情。像新闻，像写作，是我自己一直感兴趣的事情，所以才会有源源不断的热情投入。要付出辛勤的汗水，才可能有一点点的进步，我是只要有1%的希望，就要尽100%的努力。

四、"小飘萍"心得

在正式采访张姝老师之前，我们对这位荣获众多奖项的新闻前辈的最初印象是："最美妈妈"吴菊萍背后的记者。这篇报道不仅在新闻界引起了巨大反响，也对互联网的舆论有着诸多影响。在此之后，"最美"成为一种特殊的代指，被冠以这个名号的主人公在某种程度上就成了受到大众肯定的"中国好人"。在话语权门槛变低的大众媒介时代，这则新闻中的"最美"盆景逐渐连成风景、风尚，成为"最美"的一道光：你看，即使是素昧平生，我也愿意救你一命。我们曾经无数次好奇究竟是怎样的人才能写出这样的稿子，这次的采访给了我们答案。张姝，一位真诚、温暖的好记者。

"真心换真心"，这是本次采访中张老师多次提到的关键词，对于她来说这不仅是一种理念，也贯穿在每一次新闻实践当中。在接到"有一位路人母亲徒手接到坠楼女童"的新闻线索之后，尚在假期中的她立即奔赴医院。到达后，她并没有立刻采访，而是为吴菊萍联系专家查看受伤的手臂，和她的家属一起奔波忙碌。正是这种温暖的"真心"让她打动了吴菊萍，获得了独家的采访细节。

除了人文情怀，张姝老师的专业精神也让人赞佩。从业十多年来，她一直在新闻道路上奋力前行。从一名报社记者转型为新媒体的内容规划者、管理者，张姝老师有自己独到的感悟："人的精神需求是否能得到满足，是问题的本质。我的思考是，作为一名记者，不管媒体形态怎么变，我们能给予受众最本质的服务，就是来自内心的真诚的文字。纸媒记者的深厚功底与独特感知的深度报道，是机器人写稿和全民记者不能替代的。"这也让我们这些后来者体会到，在媒体融合的时代我们也不能盲从，不能光看表面，多去发现和挖掘各种媒介的各自优势，才能打好一副媒体融合的牌，给受众带去更美好的体验。

五、人物评析

我认识张姝是在她写了感动杭城的"最美妈妈"吴菊萍的报道后，迄今已经十余年了。她获得中国新闻奖后，在新闻界崭露头角并一直坚定地走在新闻道路上，成为"最美"的发现者和记录者，持续十余年来接连报道了"最美爸爸""最美消防员""最美医生""最美护士"等一系列"最美"典型人物，向民众传递了"最美"的能量，也让人们看到了支撑一个国家和民族的精神力量。

深耕一个领域做到极致，这是张姝身上的闪光品质。如今，张姝转战浙报集团的潮新闻客户端，从传统媒体到网络新媒体平台，她积极探索内容呈现的新载体，躬身入局、勇于创新。在不同的新闻岗位上，张姝身上永远有着一股新闻人独有的执着和真挚。我曾和她交流过新媒体的转型，她坚信，做新闻没有捷径，只有不忘初心，才能在媒体深度融合的漫漫长路上走得踏实、走得坚定。

⚲ 评析人

朱永祥，浙江传媒学院播音主持艺术学院教授、硕士生导师

舒中胜
在 media 上不说再见

舒中胜，第九届浙江飘萍奖获得者

一、人物介绍

舒中胜，浙江经视新闻评论节目《新闻深呼吸》创办者及新闻评论员、浙江卫视新闻评论节目《今日评说》评论员、高级记者。浙江省宣传文化系统"五个一批"人才、第九届浙江飘萍奖获得者。

二、人物代表作

（一）代表作信息

新媒体评论：《共同富裕这件事　想对了才能做对》

首发时间： 2021 年 11 月 5 日

首发平台："舒中胜"抖音、微信视频号；中国蓝新闻客户端

（二）代表作

共同富裕这件事　想对了才能做对

"共同富裕是什么，不是什么"。今天一篇署名为沈轩的文章在朋友圈里面刷屏了。我估计你也刷到了，十个是什么，十个不是什么，通俗易懂、形象生动、相当走心，朋友圈留言考公要背、记者要看、浙商要读、官员要记，每个人都要去悟。只有这样，才不会把"不是"当成"是"，把"是"理解得更加透彻。共同富裕是授人以渔，鱼加三点水，不是授人以鱼。

丽水遂昌是 26 个山区县之一，经济发展相对落后，乡村更是如此。在新路湾镇蕉川村，我采访过"一元村官"张建宏，张建宏在湖州办企业办得很好，看到家乡的落后，他选择了回家当村官。他约法三章，工资只领一块钱，发票一张不报销，工程项目自己和亲属一个都不接。五年时间过去了，家乡发生了很大的变化，他的秘诀是千方百计用科技来武装农业。蕉川村是浙江省杂交水稻制种基地的核心区域，村民的收入比其他地方要高点，但也高不了多少，张建宏引进来一杆农业眼，田间地头现在你可以看到空气温湿度的传感器、光照传感器，如今他又跟科研机构和大学合作，发动农民种植木槿花。共同富裕不是单单物质上的土豪富豪，而是要让脑袋也富起来，让精神也富有，所以才有个音乐筑梦的培训活动，在当地很有名气，它是免费的，而且坚持了 18 年。它的创办人是浙商戴建军，杭州龙井草堂的老板。2008 年，为了买原生态的食材，阿戴来到了现在都还没有通公路的黄泥岭村，看到一位五保户的生活状态之后，他下决心要帮帮他们。十多年来，阿戴每年从黄泥岭村采购 400 多万元的食材，富了一方百姓，更加难能可贵的是，他还创办了躬耕书院，免费给那些有音乐梦想的孩子做培训，让他们精神上变得富有。他说无论穷养还是富养，教养最重要，有了教养，自信满满。

共同富裕是人人参与、人人奋斗。湖州吴兴区埭西镇原先没什么名气。但是五年前，珀莱雅的创始人浙商侯军呈在这里创造了一个无中生有的美妆产业园，短短五年时间，埭西的人口实现了翻番，年轻人纷纷回流，中老年人实现了本地就业。现如今规划中的 2 万亩的玫瑰花海给村民们带来了新的期待，只要够勤劳、只要肯奋斗，日子肯定会越来越好。

共同富裕示范区建设正在进行。作为媒体人，不对，作为所有人，我们一定不要说过头话、做过头事。我们一定要记牢共同富裕是现在进行时，不是现在完成时。

访谈视频

三、"飘萍"面对面

"时间不早了，洗洗睡吧。"

"小飘萍"：您可以跟我们分享一下您的新闻工作之路吗？

舒中胜：我是 1996 年开始从事新闻工作的，在这之前我是编外的新闻人。我在做律师的同时，喜欢把美国《时代》周刊、《新闻周刊》《读者文摘》等刊物上的文章复印下来，然后查字典、编译，把它们变成适合中国人阅读的文章，再在报纸上发表。我经常也会在报纸上写些时评，那个时候就锻炼了自己的评论能力。

我做新闻评论始于 2008 年，那时候新闻评论在全国很成气候，尤其是在纸媒行业中诞生了一批职业的新闻时评人。纸媒时代，杭州的《钱江晚报》《青年时报》，都开辟了时评专版。我们频道负责人对新闻有很多的思考，他觉得要去做新闻评论，所以我们就有了打造一档电视版新闻评论节目的勇气。那时候，正巧我跟着集团到美国密苏里大学新闻学院进修、培训，参观了很多国外的电视台，觉得做评论节目一定能火。就是在这样的背景下，2009 年我们开办了新闻评论节目《新闻深呼吸》。

我们希望以思想来吸引观众，当时也想过在社会上找一些我们认为比较适合电视化表达的意见领袖、专家学者来做评论。但是他们日常都很忙，没有时间做日播节目。在这样的情况下，领导就说舒中胜你自己上吧，因为你是新闻部主任，每天就泡在新闻里面，对新闻最了解、最熟悉，你就是吃这个饭的。我自己想了想，因为我做过律师，又当过老师，语言表达和逻辑思维相对来说还是有点优势的，所以最后决定亲自去做。

大概三个月以后很多人都知道这个节目了，那个时候的电视影响力真大。我的节目最后一句话是"时间不早了，洗洗睡吧"，这句话很容易传播。在生活中经常有人看见我，朝我看，看了半天，然后说你就是那个"洗洗睡吧"。

"小飘萍"：您在背后付出了什么样的努力？

舒中胜：就是要静得下来，坐得下来。在 2011 年的时候，因为这个节目在电视端比较火，广播也让我开档节目，一直开到现在，就是 FM104.5 浙江电台旅游之声的《舒中胜有话说》。

我都是 8 点钟到单位，处理完各种行政事务以后，就要看新闻，各种各样的新闻都要看。看昨天看过的新闻有没有新的进展，还要看舆论反映情况，看我的观点是不是走偏了，有没有引起共鸣，有没有引起争议。

到下午的时候，我就要开始准备文稿，因为节目是录播形式的，每天要形成 1 万字的结构文稿，这些都是我自己打出来的，我的腰就是那个时候坐坏的，因为伏案工作的时间太长了，写完以后还要把它录出来，又是一种体力活。

2009 年到现在已经整整 15 年了，我每天说 1 万字。我曾经算过，到现在为止，我大概相当于念完了 65 部《红楼梦》，我是一个字一个字把它念下来的。

"小飘萍"：您是怎么确定每天日播的评论选题的？

舒中胜：我提出一个概念，叫作"立足浙江，放眼全国，心怀世界"。我们是浙江省级台的节目，所以我的大部分选题必须跟本省有关，但这并不排斥放眼全国，因为浙江的很多事情你放在全国的环境中去观察的话，就会发现它的先进性在哪里？它的不足在哪里？所以我也会选很多全国性的新闻。另外就是我们还必须要心怀世界，毕竟杭州已经是个国际化的城市，我们跟世界是连在一起的，不可能跟世界脱钩。当年纸媒比较发达的时候，我就从纸媒去找题材，在互联网时代选题的难度是越来越大，这个时候就越是需要你下苦功夫，要坐在电脑前，把所有的新闻尽可能看到、涉猎到。人家看到了 1 篇，你必须要看到 3 篇，人家看到 3 篇，你要看到 5 篇、10 篇。

善意、理性、建设性

"小飘萍"：节目定位是"善意、理性、建设性"，您自己怎么看待这三个关键词？

舒中胜："善意、理性、建设性"是我们的新闻评论的价值观。这个价值观是在 2009 年，做节目不久我们就提出来的，一直坚持到现在。

所谓善意，就是你要学会换位思考，很多事情发生在别人身上的时候，你不要仅仅站在旁观者的角度，道德"大棒"一挥就把人家骂个狗血喷头。要换位思考，考虑事情有可能出现的前因后果，任何事情的出现也许都有一定的合理性，都有它的历史背景。你在分析一个新闻事件的时候，要放在当时的历史背景下去考虑。在批评的时候你就不至于让人家感觉到你是道德的模范，正义的化身，媒体人千万不要把自己打扮成道德模范、正义化身。善意同时也意味着你要学会反躬自问，在这个年代里面善意更加稀缺，要有同理心，这样的话你做新闻评论的时候才会让人家感觉到温暖。

所谓理性，同样也包含了很多层面。你要学会从人性、从法律、从道德这些角度去思考，而不是情绪化的宣泄。理性还意味着什么？还意味着表达方式尽可能的要平和一些。在流量为王的时代，越是极端的观点、情绪化的宣泄，越是有流量，越能够引发共鸣。但我不是这样性格的人，做媒体这么多年，如果我也退化到这一阶段的话，我觉得是在后退。

建设性就更难了。所谓建设性就是对社会不良的现象、不公正的现象，要去批评，但是不止于批评，不止于监督，必须提供替代性的方案，这才是我们要追求的目标。去年我对西湖断桥旁边 7 棵柳树被拔除改种花的问题进行了监督。我一开始是批评，提出来让大家思考，桃红柳绿是西湖的标配，怎么可以把柳树给拔掉呢？然后我 24 小时之内就形成了自己的建设性观点，我提建议，必须把柳树种回去。后来杭州市开了一个座谈会，市委书记参加，给我们几个人发了聘书。我当时也就提出这个观点，当官意跟民意形成一种良性互动的时候，这既是一种善意，也是一种善政，这就是建设性。我回望自己走过的路，会觉得为什么政府官员对我好像比较尊重，也在于我是不止于批评，不止于监督。

我后来总结了一句话，因为善意，所以温暖；因为理性，所以共鸣；因为建设性，所以被认同。越是善意的观点，越是能够打动人心，越是能够让人家感觉到你的评论是温暖的。越是理性的话，人家冷静想一想，越会觉得你说的就是我想说却没有表达出来的东西，这个就是共鸣。因为你提出的是建设性的话，所以被批评的对象最后会说，你说的都对，我们照单全收，我们坚决整改，这个就是认同。

专业性的追求

"小飘萍"：您是什么时候开始关注自媒体发展的？

舒中胜：我在微博时代是比较活跃的，所以我现在有 200 多万微博粉丝。短视频来了以后，我一开始有点没跟上节拍。像你们这样年龄的孩子跟我推荐抖音的时候，我下载了，又卸载了，大概半年时间给我推荐了四次，到第四次我才装上没有卸载。为什么卸载？我觉得这不是我的菜，太没营养啦，太无聊啦。结果到现在，我自己吃饭也要做直播，我抖音上吃饭直播经常有 1000 多人一起看，跟我共进早餐或晚餐。

我从一开始拒绝，到后来接受，是为什么呢？从大的方面来说这是个时代趋势，你必须跟上这样的节拍，这是大势所趋。你不跟上这个大势的话，你什么时候被淘汰出局都不知道。从微观的角度来说，我自己比较喜欢说、喜欢评论，有些事情也想发声，发现可以通过这个介质跟周围人建立联系，觉得也挺好的。就像我2009年开始做电视一样，三个月之后人家就认识我，我做短视频之后，马上又有周围的人说，我经常刷到你的抖音。现在我高兴的是什么？年轻人跟我的联系基本上是通过短视频建立起来的。

"小飘萍"：现在短视频在内容质量上参差不齐。您觉得您这样的专业人士去做短视频有什么优势？

舒中胜：电视拍摄的时候，摄像要学四年，有的还要读研究生。门槛降低以后，我发现专业性受到了很大的冲击，但是不是意味着专业性就不存在了？答案是否定的，一样有专业的。你拍得好，人家比你拍得更好，你制作得很好，人家比你制作得更好，这就是专业主义的追求，这是形式上的。更重要的是内容上，在互联网内容良莠不齐的年代里，内容上的专业追求会变得更加重要。这个专业性的追求于我来说就体现为要坚守善意、理性、建设性的价值观。我不愿意情绪化地宣泄，也许我的视频点击量不是特别高，但是我只要影响到一部分对我有认同感的人，我就心满意足了。

"小飘萍"：您怎么看待电视媒体现在的发展？

舒中胜：我们生产内容的初心不是"为五斗米折腰"，而是能够代表这个社会的主流方向，能够引发共鸣。电视台现在也在拥抱社交媒体、短视频。广电集团现在也有很多社交媒体账号，事实上很多媒体都有自己的新媒体矩阵了。我们现在叫电视台，但是我们越来越不像电视台，越不像越好。浙江广电集团原来的简称叫"ZRTG"，现在叫"ZMG"，"M"就是media（媒体），"G"就是group（矩阵），我们现在自己都已经把它迭代了。

"小飘萍"：您对您这么多年的观众有什么想说的吗？

舒中胜：真的非常感谢观众的陪伴，如果没有观众的包容，舒中胜不可能走到今天。观众对我的褒也好，贬也好，其实都是让我在这条路上一直走下去的重要动力。在电视上，在广播上，总有一天可能要跟大家说再见，但是在media（媒体）上一定不会跟大家说再见，希望大家能够继续跟我一起成长。

拍摄花絮

四、"小飘萍"心得

6月一个炎热的上午，我们与舒中胜老师在浙江广电集团大院里见面，这是他从事新闻工作的第 27 年。约见舒老师之前，我们查看了许多关于他的资料，他是一位出色的电视新闻评论员，在浙江知名度较高。

舒老师的办公室有两个大大的书柜，一台电视不间断播放着当天的新闻，办公桌上堆满报纸杂志。我们印象最深的是那扇大大的窗户，阳光满满地洒进来，能把整间屋子都照亮。办公桌就在窗户旁，这是他每天打出 1 万字稿件的地方。我们对他短短两个小时的采访，就像上了一堂生动的新闻课。舒老师毕业于杭州大学，做过律师、当过老师，而立之年进入电视台，一待就是 27 年，向社会传达自己的声音。同样是面对传统媒体到新媒体的转变，他迎难而上，下载抖音、启用视频号，活跃在自媒体时代。

舒老师凭借着对新闻的热爱、专业的知识积累和富有建设性的观点，把《新闻深呼吸》做成了王牌节目，深受广大观众喜爱。访谈结束后我们旁观了他一天的工作，从撰稿到录制节目，他一刻都没有松懈。办公室的电视机里播放着时事新闻，他则坐在电脑前专注地准备演播文稿。这倒和聊天时的他形成了反差感，生活中的舒老师是一个幽默健谈的人，很有活力，还会在访谈中开几句玩笑。最近几年他喜欢上了打网球，聊起网球时他自嘲道："我现在属于上瘾的阶段，水平是业余的，毛病是专业的。"

任何人与他交谈后，都能看清他成就的源头——他的自律、负责和认真，还有那份对新闻事业特有的诚挚热情。他说自己视频号最新一条评论是今天凌晨1:09发出来的，"我觉得我今天必须把它录出来，我就把它录出来了"。尽管已经到要退休的年龄，舒老师依然会在工作时沉浸其中，字斟句酌每一篇稿件。因为善意，所以温暖；因为理性，所以共鸣；因为建设性，所以被认同。他说，在media上永远不会和大家说再见。

五、人物评析

"时间不早了，洗洗睡吧。"这句有谐趣又有意味的结束语，成为《新闻深呼吸》的标志，也伴随这档新闻评论节目和它的主持人走过15个年头。

做过律师，当过老师，而立之年进入电视台，做过记者、编辑、制片人，然后成为一名新闻评论主持人，舒中胜以知识分子的人文情怀和厚重沉稳给本地荧屏的新闻节目带来了新鲜气息。他每天浏览大量国内外报刊、网站信息，确定每天日播的评论选题，每天打出1万字稿件、念1万字口播，到现在已经整整15年。而今，面对传统媒体到新媒体的转变，他迎难而上，下载抖音、启用视频号，依然活跃在自媒体时代，步履匆匆但不曾停留。

岁月沧桑，他的鬓发虽已渐斑白，目光却更加温和而坚定。"切热点、讲人话、有态度"的独特风格，坚守善意、理性、建设性的价值观和专业性的追求始终如一。"因为善意，所以温暖；因为理性，所以共鸣；因为建设性，所以被认同。"当然，也因为热爱，所以一直坚守。

👤 **评析人**

林勇毅，浙江省文化广电和旅游厅二级巡视员

吴小龙
永远做一个有趣的人

吴小龙，第十届浙江飘萍奖获得者

![麦克风图标] **一、人物介绍**

  吴小龙，浙江在线新闻网站总编辑助理兼地方内容管理中心主任，浙江省记协网络工委秘书长，高级编辑。浙江省宣传文化系统"五个一批"人才。新闻作品获国家、省各级各类新闻奖 20 余件，其中中国新闻奖二等奖 1 件、浙江省新闻奖一等奖 7 件、二等奖 3 件。第十届浙江飘萍奖获得者。

二、人物代表作

（一）代表作信息

大型综合性报道："走向和谐·浙江一日"

首发时间： 2007 年 5 月 25 日

首发平台：《浙江日报》

（二）创作背景

2007 年 5 月 25 日，吴小龙牵头策划组织了由浙江在线发起、全省 70 多家网络媒体共同参与的大型综合性报道"走向和谐·浙江一日"，全省 11 个市、90 个县（市、区），同一天共聚一个新媒体平台，充分发挥网络媒体的独特功能，从当天零时到次日零时，各路网络记者、通讯员和网友通过文字、图片、视频等，全方位、全时段、多侧面，真实、充分、生动地展示和记录浙江各地发生的各类事件、人物、场景和人们的生活、工作、学习、交往状态，反映浙江经济社会发展进程和成就。报道历时 24 个小时，主题鲜明、策划到位、内容生动、效果突出，做到了网媒联动、网友互动，从而成为网络主题宣传中极具创意的一次报道。该报道获得了浙江新闻奖一等奖、中国新闻奖二等奖。

（三）代表作

吴小龙代表作

三、"飘萍"面对面

"小飘萍"：吴老师是英语专业的，您是从什么时候开始，有了做新闻做记者的想法呢？

访谈视频

吴小龙：做记者是我从小的夙愿。我生长在义乌的一个小山村里，从中学开始，我就常年订阅《中国青年报》，当记者从那个时候开始便成了我非常向往的一件事。但后来考大学的时候，在各种原因的影响下，我去读了英语专业，之后做了英语老师，后来考浙江大学的研究生还是继续学的英语。1994年，我研究生毕业进入《浙江日报》。我的记者梦在进入浙报之后终于实现了。

"小飘萍"：从《浙江日报》到浙江在线，从记者到编辑，从纸媒到网络媒体，这期间您都做过哪些工作？

吴小龙：进入《浙江日报》之后，我就下基层锻炼了。我是先到《浙江日报》嘉兴记者站锻炼了15个月。这段时间就等于是当基层记者。因为我既不是学新闻出身，也不是学中文出身，所以这一年多的锻炼，让我接触、了解了记者的工作和职责，为我之后的新闻工作打下了基础。从记者站回到《浙江日报》之后，我在编辑部上夜班，编国际国内新闻。1998年，网络开始兴起，《浙江日报》就开始筹办浙江在线新闻网站。我是1998年8月被抽调到筹建班子来做这个新闻网站的。

"小飘萍"：1998年，在大多数人看来，网络还是一种新鲜的事物，甚至会抱着怀疑的眼光去看待它，您在最初接触网络的时候，有没有过怀疑或者说是不信任？

吴小龙：那倒没有。当时筹建新闻网站的负责人是孙坚华，他原来是《钱江晚报》副总编，后来又被借调到省委宣传部新闻处，他接触网络比较早。他从省委宣传部回来后筹建浙江在线，选择我是因为看中了我英语专业的背景。当时的环境跟现在不一样，国内网络刚刚兴起，那个时候互联网这一块很多东西都是英文的，我的英语专业能力在当中就发挥了比较大的作用。所以接触互联网我是没有过什么犹豫和顾虑的。

"小飘萍"：我们了解到在接触互联网之后，您不断地在做一些新的尝试。早在2003年的时候，您就已经做了融合报道《3.7秒：生死时速》。您当时是怎么想到，跳出文字、图片的局限，而选择用Flash动画来呈现新闻的呢？

吴小龙：我们刚开始做这个作品的时候，当然最先想到的就是文字和图片。后来在思考怎么更清晰地呈现这短暂3.7秒里发生的全部时，我们就想到了把战士从拉开手榴弹引线到爆炸这个过程，用比较动态、形象、直观的形式展现出来。所以我们就想到了当时刚刚兴起的Flash，就让美工做了这么一个动画嵌在作品里面。

"小飘萍"：这篇报道在当时产生了不小的影响，也是您的获奖作品。

吴小龙：是的，这篇报道在当时确实属于比较早采用这种形式的，而且效果也很好。大家评价也比较高，最后获得了浙江省新闻奖二等奖。

"小飘萍"：2007年的时候，您又进行了一次创新，牵头策划了《走向和谐·浙江一日》大型网络报道。当时是怎样的一个创作背景呢？

吴小龙：5月25日这个日子是特别选的，取谐音"我爱我浙江"。在2007年的时候，还没有微信、微博和短视频平台这些社交媒体，只有BBS论坛，BBS论坛是网络媒体跟网友互动的一个最重要的平台。当时我们想的是，怎么在5月25日这一天里，把浙江各地新的变化、新的成就反映出来。我们就想着开展这么一次网络行动。如果只有我们的记者，肯定覆盖不到这么多、这么广的地方，所以我们就发动了网友来参与。这就从覆盖面、广泛性上更好地讲述了浙江方方面面的变化成就。

"小飘萍"：您在这次报道中，有没有什么意料之外的收获？

吴小龙：网友们都是活雷锋，高手在民间。我们这次新闻行动的召集令一发出，响应的网友很多，而且网友提供的作品很多都是非常优秀的作品。

我觉得一直到现在，UGC（用户生成内容）、内容众筹这些东西，也还是这种模式。发挥好受众的作用，对我们的新闻报道是很有帮助的。

"小飘萍"：您在新闻传播方面的创新，很多都走在浙江省乃至全国前列，您觉得创新思维是新闻报道中的关键吗？

吴小龙：实际上，做任何工作，包括学习，创新都是很重要的。

"小飘萍"：新媒体时代，把创新思维转换到现实中需要一定技术条件，您觉得技术和新闻传播之间是一种什么样的关系？

吴小龙：新闻作品如何呈现得更加有创意、有新意、有美感，技术支撑是非常重要的。尤其是网络媒体这块，没有技术的支撑，很难往前走。当初网络媒体兴起的时候，商业媒体做新闻的吸引力甚至超出主流媒体办的网站，原因在于它的技术比我们好。商业网站有些新闻专题，在技术手段运用上、在产品呈现上比我们做得好，即便原创的稿件是我们的，但是因为它整合得好、技术呈现得好，结果吸引力就是比我们强。所以我觉得在新媒体这块技术不仅是支撑力，更是引领力。

"小飘萍"：在当下的媒介环境中，报人出身的您怎么看待纸媒的未来？

吴小龙：现在基本的共识，就是一个新媒体诞生，旧媒体或传统媒体并不会真正消失。报纸在不同阶段不同社会背景可能处境不一样、发展不一样，但关键在于怎么用新媒体的思路去做改变。无论媒体形态怎么变，内容总归是最重要的。

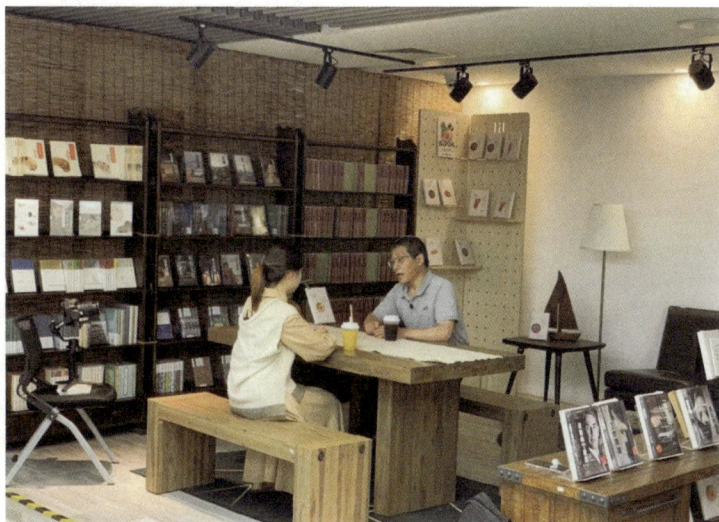

访谈现场

"小飘萍"：在当前的环境下，青年一代的新闻工作者有了新使命，您有什么想对青年新闻工作者说的吗？

吴小龙：无论什么时候，在什么地方，都要不断地学习、不断地进步，并且能够把自己学到的东西运用到实际工作当中去。遇到问题要想着去克服，办法总归比困难多，这样在工作、学习中才能够如鱼得水。还要记住：永远做一个有趣的人。

四、"小飘萍"心得

1998 年，吴小龙老师作为《浙江日报》新闻网站筹建组成员，发挥他的英语专业优势，他广泛浏览学习国内外报纸杂志网站，结合《浙江日报》实际，成功推出了浙江在线网站。这在当时是一个创举。随着采访的展开，一个富有创新精神的开拓者形象更加生动丰满，让我们倍增感佩之情。

吴老师担任浙江在线新闻中心主任多年，其间不仅参与了网站几乎所有的内容策划，提出了大量创意方案，更是一些新闻创新活动的直接参与者和具体实施者。在多年的网络新闻实践中，他创造了众多浙江乃至全国网络新闻传播创新的"第一"。

2003 年 1 月，吴老师策划、组织并带队的网络、报纸、广播、电视等多种媒体参与的"环行浙江、共享在线"大型采访团，17 天环行浙江 11 个市选点采访，反映了浙江各地全面建设小康社会的生动情景和富有魅力的风土人情、风貌风尚。由网站牵头组织的类似活动当时在全国是第一次。

"小飘萍"与吴小龙老师
合影

2003 年 4 月，东方网、浙江在线、江苏网联合进行"点击长三角"大型网络采访，吴老师参与策划、组织、实施并带队了浙江段的采访。地域性重点新闻网站进行联合异地采访，在全国网络界是第一次。

2003 年 7 月，吴老师采写的多媒体通讯《3.7 秒：生死时速——记驻浙某部舍身救战友的爱兵模范李冠清》刻画了一位在关键时刻把生的希望留给战友、把死的危险留给自己的英雄。吴老师在深入采访、掌握大量第一手材料的基础上，紧紧扣住"生死 3.7 秒"这一核心情节，充分发挥网络大容量、多媒体的特点，对李冠清作了全方位、多角度的多媒体化报道，还第一次在典型人物报道中运用了 Flash。他提议制作的 Flash"生死 3.7 秒"，真实再现了当时英雄救人的场景，构思奇巧、生动可感，是整个报道中的点睛之笔，创新地利用网络媒体独特手段为典型报道锦上添花。该报道也获得了浙江新闻奖二等奖。

2004 年 8 月，吴老师牵头策划创办了我省第一个大型网上互动评论频道《浙江潮评论》，并任频道责任编辑。该频道获得当年的浙江新闻奖一等奖。

2005 年 7 月，吴老师策划、组织并参与了对省人大常委会的网上直播。这在浙江省人大历史上是首次，在全国，对省级人大常委会进行网络直播也是第一次。

一个个第一，体现的是吴老师专业训练的前瞻眼光、紧跟时代的创新精神。"永远做一个有趣的人"是吴老师对"小飘萍"们的寄语，"有趣"也是吴老师对于新闻的定义，用 Flash 做新闻，"这样应该会比较有趣"；把新闻搬上网络，"这样应该会比较有趣"。新闻工作不是枯燥的码字，它是创意的迸发，是创新思维的舞动。一个有趣的灵魂才能赋予新闻以鲜活的生命力。这也是吴老师给我们的最大指点。

五、人物评析

吴小龙 1994 年硕士研究生毕业后进入新闻行业，深耕新闻领域近 20 年。"心中有理想，工作有激情"，他虽非新闻专业科班出身，却涉足传统媒体与新兴媒体，经过记者、编辑与网络新闻人等多岗位多角色的历练，展现出卓越的才能，成为一名经验丰富的优秀新闻工作者。他始终秉持认真、踏实的工作态度，不断学习探索、善于思考总结，以求在新闻事业上不断突破，展现了他的全面素养、专业精神和职业追求。不畏挑战、不断创新，是媒体人应有的素质和担当，吴小龙的职业经历能激励年轻新闻从业者，学什么专业不重要，情怀和韧劲很重要。

👤 **评析人**
吴飞，浙江大学求是学院特聘教授、浙江传媒学院人文社科学部主任

王晓伟
手握保温杯，永葆少年心

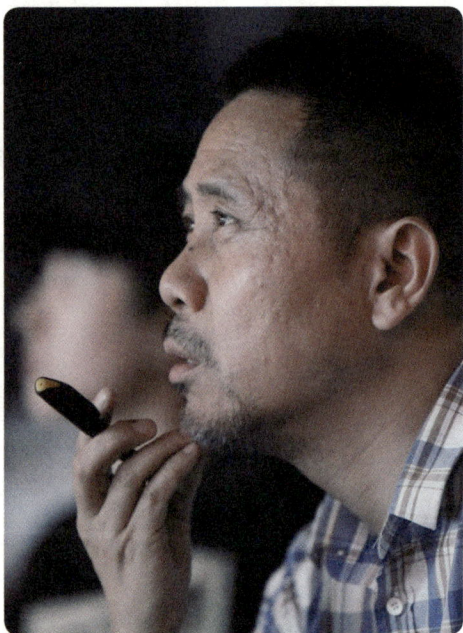

王晓伟，第十二届浙江飘萍奖获得者

🎤 一、人物介绍

　　王晓伟，长兴传媒集团总编辑、浙江省记协副主席、高级编辑。获中国媒体融合 2017—2018 年度领军人物、中国广播电视移动传播研究突出贡献个人、浙江省宣传文化系统"五个一批"优秀人才、浙江省"万名好党员"、浙江省县（市、区）域报十佳领军人物等荣誉称号。新闻作品获国家级政府奖 5 部，省新闻奖或政府奖一等奖 23 部，浙江省"五个一工程"奖 2 部，带领团队荣获省级新闻奖或政府奖奖项 200 多部。第十二届浙江飘萍奖获得者。

二、人物代表作

（一）代表作信息

大型新媒体移动直播：《下一捕，十年后》
首发时间： 2020 年 9 月 6 日
首发平台： 长兴新闻网
代表作链接： https://weibo.com/2397336364/JjnpvCoHp

（二）创作背景

在 2020 年扎实推进长三角一体化发展座谈会上，习近平总书记指出："长三角地区是长江经济带的龙头，不仅要在经济发展上走在前列，也要在生态保护和建设上带好头。"[①] 2020 年 10 月 1 日，太湖将迎来十年退捕期。面对即将到来的退捕期，当地党委政府如何进行规划发展，太湖沿岸的渔民如何实现"洗脚上岸"，长兴传媒集团联合环太湖地区媒体，共同策划推出新媒体移动直播《下一捕，十年后》记录这一历史时刻，直播在新华网微博、客户端、PC 端，央视频客户端、浙江新闻客户端、中国蓝新闻客户端、无锡博报客户端、看宜兴客户端、南太湖客户端以及掌心长兴 App、抖音、快手、微博以及 FM97.3 太湖之声等平台同步直播。该直播移动端总观看量达 1000 多万，荣获湖州市广播电视节目奖新媒体类二等奖。

王晓伟代表作：大型新媒体移动直播《下一捕，十年后》

---

① 中国政府网.习近平在扎实推进长三角一体化发展座谈会上强调：紧扣一体化和高质量抓好重点工作　推动长三角一体化发展不断取得成效.（2020-08-22）[2024-06-24]. https://www.gov.cn/xinwen/2020-08/22/content_5536613.htm.

《下一捕，十年后》新闻直播，不仅记录了太湖十年退捕期前最后使用大型渔具进行大规模捕捞的活动和太湖边渔民即将消失的工作景象，也是通过记录最后的捕捞时刻来提醒人们过度捕捞对于一方水域的伤害，是对于退捕期后长江水域生态恢复的殷切期望。长达十年的禁渔期，以放弃眼前的"金山银山"为代价，为的是将来太湖恢复"绿水青山"，还子孙后代更大、更好的"金山银山"。这部记录"最后一捕"的影像，不仅定格了即将消逝的传统生产方式，更凝聚着人们对长江水域生态重焕生机的共同期盼。

三、"飘萍"面对面

"小飘萍"：媒体融合"长兴模式"经历了十余年的时间考验。在建设初期，您所预想的发展状况是怎样的，有何发展目标？

访谈视频

王晓伟：长兴传媒集团组建于 2011 年 4 月 15 日。组建的时候，我们也没有想到集团后来会成为全国媒体融合的一个样板，更没想到"长兴模式"会作为全国县级媒体融合运作模式的范本，被广泛学习和借鉴。我们当时在组建长兴传媒集团的时候，目标就是打造长三角地区县级媒体的标杆跟样板。后来随着不同领域，包括上级主管部门、业界、高校等各个层面的领导、同行、专家老师到我们这儿来调研，他们觉得，既然已经提出打造长三角县级媒体的样本标杆，那长三角地区最先进的也应该是全国最先进的，我们就慢慢地把目标调整为打造全国县级媒体的标杆。

"小飘萍"：在这十余年的发展过程中，您认为大致可以分为几个阶段呢？有没有一些令您印象深刻的事情，它们可以用来作时间节点，标志着一个阶段结束和开始？

王晓伟：第一阶段是全媒体阶段，因为我们是全国最早组建且最早成立县级融媒体集团的。当时把广播、电视、报纸、杂志、网站和网络公司合在一块，所以那个时候我可以简单称之为走进了全媒体阶段。从物理的相加到彻底的融合，我们也是花了比较长的时间。差不多到了 2015 年，也就是经历了 4 年的磨合，我们可以说走到了融媒体阶段。融媒体阶段真正做到了"你中有我、我中有你"。到了 2017 年，我们走进了智媒体的阶段，我们已经上线了媒体大脑。"融媒眼"这套系统在 2017 年上线。怎么通过智慧化的手段来指挥整个编委会的采编队伍的运营，以及怎么通过智能化的手段来让我们采编队伍更加精准、更加高效地指挥、协同，这是我们的第三个阶段。现在我觉得又到了更新的一步，我觉得应该是做到了第四个阶段。

"小飘萍"：那您到这个阶段有什么预期的发展目标吗？

王晓伟：第四个阶段，我觉得用一个更加妥帖的称谓的话，它是一个全面介入社会治理的阶段。现在的融媒体中心不仅是要做好新闻宣传，而是既要做好新闻宣传又要做好社区服务，同时还要做好社会治理。所以，现在的融媒体中心到了一个更加全面介入社会治理的阶段。从全媒体，到融媒体，到智媒体，再到现在的社会治理，整个融媒体中心在不断地拓宽自己的边界，不断地外延，在自己业务做大的同时也不断地在锻炼我们的团队。

"小飘萍"：您觉得"长兴模式"的发展成就和取得的成果，对于其他正在发展的县级融媒体中心，有什么值得学习的共性经验吗？

王晓伟：长兴传媒集团得益于起步早，2011年的时候，全国范围内我们几乎没有样板去看。从当时的一马当先，到现在是万马奔腾，所有的县级融媒体中心都发展起来了。从过去的独占鳌头到现在的百花齐放，我们是处在一种充分竞争状态，已经没有任何优势可言了，那怎么办？长兴传媒集团之所以在业内还有一定影响力和知名度，是因为我们早些年的体制机制还是比较领先的。比如说我们事业单位企业化运作，建立了以双聘制为代表的良性竞争制度，业务、管理的双轨制，首席制度和中层岗位可升可降的竞聘制，浓厚的传媒文化以及优渥的嘉奖力度等，这都是在早些年慢慢积累起来的。但这些东西，外界很快就能学会。所以我觉得一个单位要有充分的活力，最重要的还是体制机制。打破僵化的体制机制，保持年轻态，让年轻人的聪明才智得到充分发挥，这是一个媒体能够持续领先的最重要的内在动因。

"小飘萍"：您认为县级融媒体在国家传媒生态中应该起到一个什么样的作用？

王晓伟：县级融媒体中心发展到今天，人们对它的要求越来越高了，县级融媒体中心不仅要做好新闻舆论的宣传，还要成为社区的枢纽，更是基层社会治理的桥梁和公共服务的连接者。所以，既要做好新闻，又要做好服务，同时也要介入社区治理，只有这几方面共同联动，媒体的生态在本地的影响力和话语权才能稳固。现在的媒体跟早些年仅仅做好新闻宣传的媒体是完全不可同日而语的。我们给自己的定位是要打造全国一流的移动互联网信息服务互动平台，信息就是泛资讯，服务就是做好政务服务、民生服务、公共服务，同时我们也要做好项目服务。

"小飘萍"：作为县级融媒体记者，区别于中央、省级、市级融媒体记者，应该具备什么样的品质和能力，以契合县级融媒体中心的发展要求呢？

王晓伟：作为一个县级融媒体中心的新闻从业人员，跟央媒、省媒、市媒相比，我们最得天独厚的优势就是接地气。我们在最基层，我们跟老百姓是密切相连的。

有句话说，只有把根扎得越深，向上生长的力量才会越强劲、越持久，所以根要往下长，团队的建设要往上走。这是我们跟央媒、省媒以及市媒最大的区别。新闻从业人员不管在哪个时代，都要紧跟中央。总书记有号令，中央有部署，我们媒体就要有行动。新闻从业人员一定要学习最新的中央精神，要把最新的精神、政策吃透，然后再化为我们当下的一些行动纲领，我们去找地方上鲜活的案例，以此来印证前者，这样的作品才能够落地生根，发芽开花。

"小飘萍"：您是 2017 年第十二届飘萍奖的获得者，当时很多新闻报道您的标题是"手握保温杯，永葆少年心"。我们也了解到，您身边的一些工作人员，评价您是"永远的追风少年"。对此您怎么看？

王晓伟：2017 年我获飘萍奖的时候已经接近五旬了。那年正好有一个很著名的网络段子，零点乐队的主唱去参加了一档节目，拿着保温杯上台，成为当时的网络热点。当年那么星光璀璨的歌手，都已经拿着保温杯了。我觉得虽然我已经到了一定的岁数，但是少年心永远不变，因此我给自己的获奖感言最后加了一句话，"手握保温杯，永葆少年心"，以此激励自己。不管自己岁数有多大，哪怕到了 60 岁，真正退休了，我相信自己心中的新闻理想也永远不会灭。因为对新闻事业的热爱，这份职业能够让我永远感觉到浑身充满朝气活力，我每天接触的东西都是新的，我每天接触的人都是新的，我每天感受到的这种变化都是新的，所以"年轻态"很重要。

"小飘萍"：您是在 1994 年从老师转行为广播电台主持人，对新闻事业的热爱是您转行的原因吗？

王晓伟：转行的一个原因真的就是对新闻事业的热爱。我小时候，特别喜欢看报纸、看杂志、听收音机，后来有了电视，看电视、看新闻。那个时候我就把对新闻事业的热爱埋在了心里。调频台在 1994 年成立，面向全县招聘。那个时候还是招聘业余节目主持人，所以白天我在学校里上课，晚上到台里做节目，每天晚上做 3 个小时，回到家差不多 11 点，第二天早上我还要赶到学校去教书。人的精力毕竟是有限的，事实上两个职业实在是不可能兼得，台里也希望我能够转职过来。调过来之后，1994 年开始到现在，我就再也没有离开过，整整 32 年。

"小飘萍"：您怎么看自己当老师和从事新闻工作这两个不同的职业阶段？

王晓伟：我觉得两者之间是一脉相承、有机关联的。教师是人类灵魂的工程师，做新闻也是做人精神层面的东西，所以两者之间在这方面是异曲同工的。也正因为我以前有过 6 年的教师生涯，有过教书育人的经历，所以带到我现在的工作当中，能够让我在 32 年的新闻职业生涯里更多地了解我的同事和年轻一代的所思、所想、所感。因为我带他们的方法还保留着以前老师对学生的那种方法。现在，我们台里最新进来的员工都已经是 2003 年出生的，完全属于我的孩子辈。我跟他们接触交流根本就没有违和感，年轻人在我的眼里就像学生一样，当然更多的还是一种同事、伙伴关系。

"小飘萍"：现在媒体里年轻人跳槽是很常见的现象，您在长兴传媒集团深耕 32 年，是什么让您一直坚持在这里？

王晓伟：我在 32 年里把所有的工作都做了一遍，我做电台主持人、做电视编导、做大型活动导演、做策划、还分管过报纸，后来开始全面主抓新闻宣传，现在除了抓新闻宣传之外，我还要抓产业发展。所以，整个传媒集团主要工作我都很清晰。这 32 年来，在我的心里，从来就没有产生过要离开传媒集团的想法。这样的机会是有很多，上级媒体单位、大型企业、县里其他部门都曾经向我伸出橄榄枝，但我都一一婉拒。因为我觉得，我跟长兴传媒集团的关系是鱼跟水的关系，我就是一条鱼，长兴传媒集团就是一片水域、一片湖水，是它养育了我，我对它是心怀感恩的，离开它我肯定无法生存。

"小飘萍"：您作为浙江飘萍奖获得者，有什么寄语可以送给我们这些新一代新闻工作者吗？

王晓伟：我自己从业 32 年以来最大的感悟是，做新闻不容易。尤其是在社会节奏很快的当下。你们要做新闻，第一，内心要有对新闻的喜爱；第二，永远保持好奇心；第三，要坚持学习；第四，要有一颗年轻的心。我觉得新闻是值得人一辈子为之投入、为之努力、为之奋斗的一个职业。未来再怎么发展，新闻永远不会被淘汰，新闻业永远不死，新闻理想永远不死。

四、"小飘萍"心得

几天的采访，我们走出了学校的象牙塔，通过观察一位资深新闻人的工作状态和生活方式，去理解社会对于一位优秀新闻人的要求。

"自律"是王晓伟老师给我们留下的第一印象，早晨 5 点不到就起床晨练，锻炼的时候还不忘拿手机听当天的新闻；亲临直播工作的录制现场，每一天的工作都安排得满满当当。就连传媒集团的其他老师都说，"他常常早上 5 点多就在群里布置工作""周末也会过来上班，他是没有休假的"……新闻人走在时代前列，更要保持勤勉不懈，慎独自省的高度自律，才能及时把握住事件的发生，掌握新闻的风向标。

"融会贯通"是王晓伟老师给我们留下的第二个印象。在长兴传媒集团拍摄时，我们有机会走进了王老师的办公室，木制的办公桌后面堆满了报刊，一摞摞半人高的报纸靠在书柜前，办公室拥堵得只剩下狭小的过道。王晓伟老师作为融媒体的领头人，却没有如我们想象中那样一头扎在新技术新形式上，而是在传统媒体中积蓄力量、酝酿灵感、推陈出新，将传统媒体与新兴媒体技术融会贯通，在此之上做出新的东西。

在媒体融合的新时代，需要永葆学习的热情、创作的激情、年轻的心态，自律进取、兼容并蓄、融会贯通，这是我们这次采访最深的学习体会。我们将时刻谨记、不断努力，成为一名优秀的媒体人。

五、人物评析

2021 年，王晓伟总编辑曾在一所高校做过一次名为"做'变化'的朋友"的演讲，短短 6 个字却有千钧之力，也是其近 30 年工作的诠释。1994 年入职长兴广电，30 多年历经多岗位磨炼，从节目主持人到融媒掌舵人，他亲历长兴这一县级传媒的发展扩大。"长兴模式"如今已成为中国县域融媒体改革的标杆，其中的艰辛和坎坷可想而知。新闻业的改革需看清大势、需转变观念、需大刀阔斧，但仍需专业至上、不忘初心。这种看似"悖论"的困境被王晓伟总编辑——化解，蹚出一条属于长兴及长兴媒体人的路。对于年轻的新闻学子来说，夯实自身、看清方向、拥抱变化，你们也能勇往直前，战无不胜。

👤 **评析人**

李欣，浙江传媒学院新闻与传播学院院长、教授

檀　梅
云世界很美，也要有风

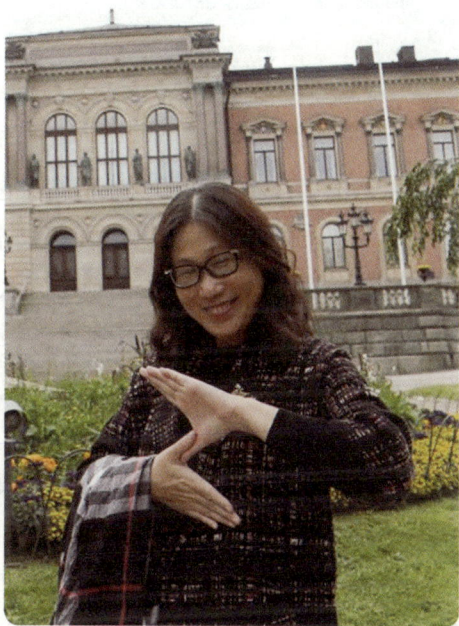

檀梅，第十一届浙江飘萍奖获得者

一、人物介绍

檀梅，浙江日报报业集团浙江传媒研究院院长、《传媒评论》杂志总编辑。中宣部文化名家暨"四个一批"人才、浙江省宣传文化系统"五个一批"人才、浙江省第十二届人民代表大会代表、享受国务院特殊津贴专家。檀梅参与组织策划的"同走新闻路"入选中国记协"庆祝新中国成立70周年融合报道十大创新案例"，并作为浙江宣传系统开展增强"四力"教育实践的优秀范例入选中宣部干部学院教材，作为主创之一的《深读》栏目获得中国新闻奖新闻名专栏，多部作品获中国新闻奖。第十一届浙江飘萍奖获得者。

二、人物代表作

（一）代表作信息

专业论文：《擎起灾难之下的"心灵火把"——论抗震救灾报道中的诗歌现象》
首发时间： 2008 年
首发平台：《新闻实践》

（二）创作背景

2008 年汶川大地震期间，在报道抗震救灾的报纸版面中，诗歌成为配合新闻报道最具情感力度的版面语言。檀梅关注于此、感动于此、思索于此、总结于此，提炼出以下观点：选择诗歌，因为，泪水浇灌了诗歌的花朵，那一刻，诗歌是最直接的情感方式，拨动我们的心弦；选择诗歌，因为，祖国的意象在诗歌中被重塑被放大，那一刻，我们感到自己有一个强大的祖国；选择诗歌，还因为，她是光芒璀璨的思想结晶，那一刻，我们看到的核心价值就是人性的光辉。

汶川大地震发生后不到一个月的时间，檀梅浏览搜集全国报纸关于抗震救灾的新闻报道版面，对比 1998 年抗洪救灾的新闻报道，敏锐地把握住抗震救灾报道中涌现的诗歌现象，结合媒体新闻写作诗化的创新实践，层层递进地解释非常时期诗歌及诗化语言被新闻媒介广泛运用的深层次原因，提炼出"灾难之下，诗歌这样的文学样式可以辅助新闻报道，擎起心灵火把"的主题，该论文不仅具有较严密的逻辑性论述，又饱含真挚的感情，是檀梅尝试在论文写作中将理性思维与感性色彩较好地糅合的一次创作实践。

（三）代表作

擎起灾难之下的"心灵火把"——论抗震救灾报道中的诗歌现象（节选）

在汶川特大地震带来的悲情伤痛之下，许多人不约而同选择了诗歌来直抒胸臆。

诗抒情，亦言志，每天都有成千上万的诗作在涌流，而刊登大量充满激情的诗歌铭记伤逝，鼓励重生，更是成为我省乃至全国众多报纸抗震救灾报道中的一大亮点，引起了读者的特别关注和情感共鸣。

我们看到，在众多报纸的抗震救灾的专刊专版里，诗歌成为配合新闻报道最具情感力度的版面语言，仅据"全国哀悼日"一天的粗略统计，浙江日报、钱江晚报、今日早报、杭州日报、都市快报、青年时报等10余家报纸就刊登了100多首诗歌。钱江晚报更是在地震发生之后的第三天就推出了5个诗歌专版《抗震之歌》。报纸如此集中地刊登诗歌作品，这是近年来从未看到过的。而在网络世界，博客和一些诗歌网站的论坛也扮演了最为积极的促进者。

我们读到，新老诗人、作家含泪抒写的激情诗章，新闻记者、编辑写稿编稿之时的即兴吟诵，我们更被无数不知名网友的心灵诗篇感染感动。一首名为《孩子，快，抓紧妈妈的手》的诗歌在网络世界走红，被人们在博客上、论坛中、短信里四处传抄。这些充满真情的平民诗歌，文字简练，诗意直白，却有直击心灵的穿透力。

以真情拥抱诗歌，我们真切地感受到诗情复活，抑或，优秀的诗歌，一直就存在于我们的心灵之中，她是担当、道义、关怀、仁慈、照亮和力量。在这个非常时刻，诗歌与新闻相携相伴相辅相成，陪伴着我们走过风雨。

我们真切地感受到，在这场感人肺腑、洗涤心灵的诗歌浪潮的形成中，新闻媒体的即时传播成为最有力的推动者，使人们的写作冲动相互感染、激励，诗歌浪潮终于成为这场灾难当中最温暖人的"心灵火把"。

回顾思索，反映抗震救灾主题的诗歌为什么能瞬间爆发并成燎原之势？而我们的报纸，从对诗歌这一文学语言的有效运用传播中，可以汲取一些什么样的创新经验？都是需要解读的新鲜课题。

没有人会怀疑，这次灾难信息传播的力度和透明度，也没有人会怀疑此次地震灾情信息传播中的传媒表现。中国传媒厚积薄发，从报道观念的转变到报道主体的选择，从传播力度到传播效应，都达到了传媒本来应该做到的水准。

但是为什么，在海量信息以分钟计，人们掌握的资讯信息如此及时与丰富的时候，我们的媒体、我们的报纸还需要诗歌这样的文学样式来作为重要的语言补充？

非常状态，非常情感，显然，客观的资讯已经不能完全地表达我们心中的悲情和热情。我们有太多的情感需要抒发，有太多的话语想要诉说。

……

选择诗歌，因为，祖国的意象在诗歌中被重塑被放大，那一刻，我们感到自己有一个强大的祖国。

这首《瓦砾中的中国》很能够传达这次诗潮中的一种情绪，就是对祖国的重新认识和重新塑造。它这样写道：

"瓦砾中的中国正在站起来，她依然是一道巍峨的风景线／她对所有死去和活着的／儿女说：定要记住，妈妈爱你／我们有一个永不会塌陷的家，名字叫中国！"

"祖国"是近百年诗歌的一个重要母题，也是新文学运动中被作家、诗人反复书写的一个巨大意象。

汶川地震发生以后，人们把对灾区的关注，升华为对祖国的关注，把对受灾群众的热爱升华为对民族的热爱。这种升华，是自然的升华，是发自内心的升华。什么是共同理想、时代精神？什么是爱国主义、民族精神？生活里有最好的答案，给了我们最切实的感悟。

悲情、激情、豪情，构成了这一次抗震救灾诗潮的主旋律，"宏大叙事"重新释放出耀眼的光辉。中国，在抗震救灾的诗篇中，成为一个坚强的坚固的庞大的形象。

选择诗歌，还因为，她是光芒璀璨的思想结晶，那一刻，我们看到的核心价值就是人的光辉。

在这次的诗潮中，母亲和孩子，成为最多出现的主题。这些诗歌纯粹用口语写成，说的也是最普通的家常话，没有什么豪言，属于"小叙事"的范畴，但境界很宽广。

亲情是人类古老的情感，是最常见的人性本能，但由于置放在特定的背景下，地震后黑暗的废墟里，母亲与孩子的对话显出了母爱，也显现了博爱、大爱。"哪一个人的妈妈都是我们的妈妈／哪一个孩子都是妈妈的孩子"，悲悯的人性情怀，美好的人文情愫，这是人类面对灾难的共同态度，闪烁着人性中璀璨的光芒。

汶川地震，中国和她的人民一起进入非常状态。数万同胞离开人世，数百万人痛失家园，数十万救援人员、志愿者在前方紧张救援，13亿中国人在身后焦急守望。

这些天来，几乎每一个人，受灾的人，救灾的人，捐助灾区的人，祝福受灾群众的人，都呈现出有别平日的面貌。

这新面貌，令我们自己也感到吃惊：仿佛我们不曾了解自己、不曾了解同胞；仿佛我们不曾了解社会、不曾了解政府；仿佛我们不曾了解家乡、不曾了解祖国。这新面貌，令悲伤的我们感到骄傲，爱与同情、责任与担当、荣誉与牺牲，这些美德曾经沉默、或是低语，今天它唱成最响亮的合声！

相信自己、相信同胞、相信人——我们领悟，所谓社会主义的核心价值就是体现在这一个个人的光辉中。

所以，新闻媒体选择了诗歌，与其说是被诗歌在这场灾难之后呈现了温暖或感动人心的力量打动，毋宁说是一个个个体通过诗歌所表达的朴素、真挚的情愫代表了若干人的心理诉求。与其说是我们媒体选择了诗歌，不如说是诗歌选择了我们，情感选择了我们。国难当头，新闻媒体所应承担的启迪心灵，塑造灵魂，凝聚人心的社会责任选择了我们。

　　诗歌在报纸中的广泛运用，从中我们还汲取了新闻创新的养料。那一刻，我们知道，新闻也是有温度的。

访谈视频

三、"飘萍"面对面

起始：点燃新闻理想的道路

"小飘萍"：当年是什么原因让您选择报考新闻系？

檀梅：我小时候特别喜欢看故事，相对于那些难以理解的书籍，我更喜欢阅读一些文学作品。但在当时，文学作品的种类没有现在这么丰富，因此我会去翻阅一些经典作品的梗概以及一些文学类杂志。可以说，我一直走在寻找故事的道路上，而做新闻正是一个寻找故事的工作，童年时的爱好与这个职业特点不谋而合，为我以后在新闻岗位上的坚持奠定了兴趣基础。

　　家庭因素也是我步入新闻行业的重要动因。我生长在一个文学氛围浓厚的家庭，父母都是学文科并从事与文科相关的工作，母亲就是学新闻的，但可惜的是，她没有从事新闻职业。她曾向我表达过她想要做记者的愿望，但迫于现实不得不放弃，留下了一生的遗憾。或许是在家庭的耳濡目染下，又或者是想要弥补母亲的遗憾，我选择踏上了新闻之路，当年作为十七八岁的文艺青年，是满怀激情、满腔热血的，想通过文字的力量来实现自己的抱负，可以说也是当时那个年代留下来的印记吧。

"小飘萍"：当您真正踏入新闻行业的时候，是什么一直支撑着您走下去的呢？

檀梅：我之前就试着写一些故事，但写故事是虚构的，与写新闻报道很不一样。在我刚刚进入新闻这个行业的时候，我便发现自己根本不会写稿子，也不知道什么是新闻，我曾多次问自己为什么别人能写出那么好的稿子，能够在现象当中提炼出一些值得给大家分享或报道的内容，而自己却做不到。

　　当时有一批和我一样的年轻人，我就在比较当中学习。比方说我跟你一起去采访，第二天《浙江日报》的记者写了一个稿子，《钱江晚报》的记者写了一个稿子，《杭州日报》的记者也写了一个稿子，我就会把这些稿子拿来看一下我是什么角度，你是什么角度，然后为什么你是那样写的，好在哪里？自己不足的地方在哪里？就在一次又一次的比对中，我慢慢地获得提升。

　　同时，也有很多优秀的前辈给我指导。他们教给我最大的品质是勤奋和真诚，要用心去写好每一篇稿子，写稿子不是一种虚妄的事情，要带着真诚的情感，更加注重一些情感类的表达。注重人文关怀，在报道中要带着真诚的情感，这对我之后从事人文报道带来了很大的启发，这也对之后我去关注抗震报道中的诗歌现象产生了重要影响。

"小飘萍"：您在 2008 年凭借新闻论文作品《擎起灾难之下的"心灵火把"——论抗震救灾报道中的诗歌现象》获得浙江新闻奖新闻论文作品一等奖，是什么样的原因让您选择撰写这么一篇论文呢？

檀梅：十几年前的报纸电视，具有着共享时空结构的一种功能，报纸的出版和电视节目的播出都是在一个相对固定的时间里，那么它便发展为一种媒介的仪式，报纸和电视便成了培养人们共同体意识的一种重要的途径。大家通过看报纸上或听广播里的关于抗震救灾的报道，自然而然就会形成一种共同体的意识。此外，诗歌作为一种浓郁的文学样式，其本身就有着一种爆发力和冲击力，媒体的责任加之文学的特点，共同汇聚成了一种新闻现象，促使着我思考着它的意义。

就像我在《擎起灾难之下的"心灵火把"——论抗震救灾报道中的诗歌现象》的结尾处说过的："国难当头，新闻媒体所应当承担的启迪心灵，塑造灵魂，凝聚人心的社会责任选择了我们。"擎起灾难之下的"心灵火把"正是新闻媒体社会责任的体现。在灾难之中，我们所关注的不仅是灾难本身，而是社会秩序重建的可能，我记得"浙江宣传"出版过两本书，叫《笔墨当随时代》和《与时代肝胆相照》，我认为当下新闻媒体的社会责任与这两部作品书名吻合，新闻作品应该是来自当今时代、当今生活的鲜活作品，要能够体现出真诚的情感，具备浓厚的人文主义关怀。

变迁：新闻生态环境的迭代

"小飘萍"：您在 2012 年 10 月和团队尝试打造全新科学板块"好奇"，并在之后率领浙江日报文化新闻部的年轻人先后创新，推出了与纸媒互通融合的相关微博、微刊、云阅读、微信等产品，是什么契机让您转到新媒体赛道上呢？

檀梅：当时我们并没有很清晰的一种危机意识，纸媒还是非常有影响力，我们面对新媒体产品主要还是一种好奇的心态。互联网作为一种新奇的事物，不断地涌入这个世界，我们也比较好奇，所以也希望我们的内容通过互联网的传播手段让更多的人看到。正是在这么一种好奇的心态下，当时我就和"好奇"团队的成员们尝试着去推出与纸媒互通融合的微博、微信、微刊、云阅读等产品，这在当时是一个创举。我之后也在文章中写道："让我们不拘一格，让我们顺流而下，然后创造点什么，也让互联网来创造我们。"在这种尝试下，我开始接触新媒体的相关产品，开始将传统媒体作品和新媒体接轨，这也为我之后负责运维浙江新闻客户端打下了一定的基础。

我们在文化新闻部的时候还做了一个微信公众号，叫"有风来"，它还有一个浪漫的slogan（口号）叫"云世界很美，也要有风"。《浙江日报》会给30年的老员工做一份杂志封面，而在我那一期的杂志封面上，我就将"云世界很美，也要有风"写到了我的30年杂志封面上，这句话也成为我新闻生涯非常深的烙印，作为文化记者的一个烙印。风是指什么？天上有风，这个风它可以是一种创新的东西，也可以是多元化的，不仅是我们看到的那样的一些新闻报道，我们可以有更丰富的表达，它有非常多的可以去寻味的含义在里面。

"小飘萍"：您在传统媒体转向新媒体的过程中遇到过什么挑战吗？

檀梅：挑战肯定是有的。我记得从2014年开始，我每两年就换一个岗位。2014年到2016年我去了浙江新闻客户端，当时叫数字采编中心，然后2016年底到2018年底，我去负责了当时浙报集团"中央厨房"的工作，探索内部流程的再造。2018年底到2020年也是两年时间又回归到《浙江日报》做深度报道。在新媒体普及的这几年，我个人的工作过程也是迭代多变的过程，在不断的变化当中学习新的能力，还要找到自己的位置，这是一个比较大的挑战。在浙江新闻客户端的阶段以及后来做"中央厨房"的阶段，都是一个从0到1的过程，它要求的创新，并不是跟随性的创新，而是带有创造性的。

2017年，我当时的部门是浙报集团网络宣传办公室，大概接待了全国150多批次的参观，学界的业界的，包括我们主管部门的领导，以及各种专家学者开现场会，非常多的人到《浙江日报》来，他们就想知道我们怎么做到从0到1的。

做新闻：铁肩辣手、快笔如刀

"小飘萍"：鉴于您在新媒体与传统媒体两个领域所取得的成绩，您于2015年获得第十一届浙江飘萍奖，对此，您有什么感想吗？

檀梅：邵飘萍是我们中国新闻史上最有光彩的名字之一，我觉得浙江飘萍奖是一个标尺，这个标尺如果是从纵向来看，它既衡量了你的过去，又对未来给出了一个要突破的高度；从横向来看，目前浙江飘萍奖已经举办了十五届，不断有优秀的同行在获得这个奖项，我会了解他们的成绩，向他们学习，这对我来说是一个非常好的参照，也可以看到自己的不足。你还在学习，你知道自己还不够，在你面前还有新的世界，你可以向别人学到很多东西，所以我把它作为一个新的起点。

其实任何行业都是一样，首先最主要的就是忍耐，尤其在2009年之后，我获得了一些荣誉，但在这个过程中又有很多的人生起伏。尤其是在获得一种荣誉之后，会对自我的要求产生新的看法，其实在实践中未必就能够做出一个好作品，在面对这种挫败感的时候，就要学会忍耐。其次要学会投入，我刚来的时候年纪小，能力也不足，对这个行业有敬畏，非常敬畏，所以当时就有一定的距离感，但后来就觉得要把自己放进去。我们要随着这个行业的变化，对每一个来到面前的机遇也好，或者说是可能性也好，都要去尝试。在这个尝试过程中，其实我们就坚持下来了，就一步一步走下来了，到最后反而感觉自己其实是变快了。

博弈：内容创作重返昨日世界

"小飘萍"：您跟您的团队在 2019 年编辑了《深读》栏目，新媒体蓬勃发展之后，受众的阅读习惯发生了巨大的变化，您为什么依然选择做深度报道呢？

檀梅：究其原因是好奇。新奇的事物正在不断地注入这个世界，一个愿望，一株嫩芽都让我们好奇，但同时更重要的是希望我们的内容更多地被看到，也可以说是一种传播力意识的萌芽。在飞快发展的互联网中，汹涌而来的爆炸信息量使得人们的注意力不得不被分散，不得不被更加简单、花哨的内容所吸引，传统的深度报道被视觉化的内容不断取代，严肃的新闻内容不断面临读者的流失。但我还是想说，让我们不拘一格，顺流而下，创造点什么，也让它来创造你。这个"它"指的就是互联网，如何让严肃深度的内容适应互联网的存在与发展，而互联网又是如何重塑新闻的内容与形式，是《深读》栏目一直在尝试与探索的。经过这些年的岗位实践，我整个视野变宽了。

我们做的深度报道大致分为三类。一类是"深读"，这是深度的报道，是一种思辨性的，或者说是一种挖掘式的选题；一类是"人物"，我们会聚焦在一些特质突出或者具备典型特征的人身上；还有一类突出现场的报道叫"亲历"，更强调一个记者到新闻现场，和那种比较简短的线上新闻不一样，它是一种比较深入的"亲历过程式"的报道。

"小飘萍"：您和您的团队在做《深读》栏目的过程中，有令您印象最深刻的事吗？

檀梅：我记得当时我们做的一个报道，是关于衢州干部余永宜的，这位扶贫干部用了 20 年，写了 158 本扶贫笔记，摞起来有 1.5 米，47 斤重。当时有人提议从 158 本日记中选取几本翻看一下就好，我觉得这是不行的，扶贫笔记是我们的新闻语言，没有对笔记从头到尾的全面了解会导致整篇稿子都不成立。当时我与采访对象进行了沟通，在 2020 年的端午节前，余永宜将所有的扶贫日记打包快递至浙江日报社，那个端午假期，我跟团队花了 10 天通读所有日记。通读完后，我们又来到扶贫干部所在地进行为期一周的采访，最终才完成了这篇人物稿件。那篇稿件给我留下了深刻的印象，对我也是一种教育，就是在这个世界上有人在不断寻找自己的位置，找到属于自己的目标，然后竭尽全力地去追寻并达成。这对于在新闻行业多年的我是一种鼓励，新闻职业生涯不可能是一帆风顺的，它不可能尽如人愿一直向上走，在面对行业变化的时刻我们都需要一点鼓励。

做记者这个行业对我来说最大的收获就是从这么多的人身上去学习，你能得到人生的激励。你看这位扶贫干部的故事，有没有一种英雄的感觉？我不是英雄，但一有机会我就很喜欢去写这样的人物。他笔记本中的兢兢业业不止不休的精神、不屈于灾祸的坚持、真挚向上的热情都是真切的，因此才能以一颗赤诚之心引起普通人的共鸣、共情。

续写：打马向未来走去

"小飘萍"：您参与策划组织的《同走新闻路》大型融媒体报道获得 2020 年第三十届中国新闻奖文字通讯与深度报道三等奖，在这个策划中组织了三代新闻人，最高年龄差达到 70 岁。您认为当下的融媒时代对青年新闻人的"四力"提出哪些新的要求呢？

檀梅：我觉得这个不是新的要求，而是一种溯源。在设计三代新闻人同走新闻路的时候，就是着眼于一种溯源，老记者带着年轻记者，以及像你们这样的未来新闻人，大家一起去采访。有一些经典的场景，比方说我们《浙江日报》的一位老总编，当时已经 80 多岁，他在改革开放初期，作为主要作者写作了在全国非常有影响力的典型人物步鑫生的报道。这次他带着年轻记者以及大学生一起重返新闻现场，给大家讲当年是怎么样蹲点、调查研究，怎样写出了影响全国的经典作品——《企业家的歌》。后来我们在报道中，引用了这个标题《企业家的歌一曲咏流传》作为致敬。

我们当时在策划的时候就是这么考虑的，这不是新的要求，而是一种素养，而且这种素养也不是只针对青年新闻工作者。三代同行，着眼于溯源，体现言传身教的力量，在实践中"传帮带"，提升新闻队伍的脚力、眼力、脑力、笔力。

"小飘萍"：作为一位在传统媒体和新媒体都有丰富经验的前辈，您对未来的新闻人有什么期待呢？

檀梅：我觉得应该多读书。当然，深入生活、观察生活、体悟生活也很重要，是一切的基础，但阅读是钥匙，是向导。房间其实一直都在，怎么进去才是关键。现在的书太多了，浩如烟海，良莠不齐，还是要读一些真正能够让你变得不一样的书。

这一方面需要自己去努力寻找和留心，另一方面阅读其实也是一种缘分，和什么样的书相遇，有时候是机缘。读那些书里的人和事，他们会在潜意识中进入人的脑海，不一定会直接变成你创造的东西，但是会暗藏在你心里，这就是阅读的意义。

四、"小飘萍"心得

与檀梅老师对谈的过程中，微笑始终不曾落下她的脸庞。檀梅老师独特的亲和力迅速拉近了我们的距离。走进檀梅老师的办公室，"老记者"这一身份的特征仍旧明显。书籍、报纸、杂志占据了办公室的大部分空间，桌上、沙发上都是书，甚至地上都堆起膝盖高的书，原本就不大的办公空间，就只有容人通过的通道。爱看书、看报纸，是檀梅老师自幼养成的好习惯，一直延续至今，或许正是这种对知识的探寻和对阅读的坚持才成就了檀梅老师在传媒领域扎根、发芽、成长。而桌上摆放的《浙江日报》为工作 30 年的员工特别定制的照片，见证着檀梅老师从事新闻与传播行业 30 年的成长与蜕变。

褪去"记者"身份的檀梅老师，转向传媒研究领域，以自身丰富的实战经验为新闻传播研究贡献自己的力量。飘萍奖旨在表彰德才兼备的优秀新闻工作者，我们从檀梅老师的经历中能感悟到作为记者、新闻人应有的品质与能量。

翻阅檀梅老师的文章《在路口记忆》，关于她所参与的媒体融合实践工作，里面有这样一段话："我努力回忆那个过程里真正宝贵的、激发过我的东西，好像不是那些奋进、激昂的情绪，而是看起来难以忍耐的日复一日的工作和生活，是对党媒价值观、语言、字词、画面、配乐、节奏、风格等等事物的重复。一批新闻作品看完，再看一批，一篇研究分析文章写完，就开始写另一篇，这个夜晚过去了，明早起床会再迎接一个。重复成了最好的镇静剂，推动着我们，去认知、肯定价值和意义。如今，时代的变革已经走向了下一个岔路口，之前的尝试成为被检验的经历，但是路口的记忆并非活在过去，它恰恰是为了朝向未来！"

这样的坚持和精神，感动着我们，激励我们接续努力，坚守这份新闻理想和人文情怀，坚持寻找碎片化、泛娱乐化时代下的新闻价值和新闻温度，寻找自己真正的人生目标。

五、人物评析

"新闻与文学的交织、情感与使命的融合"用在檀梅身上再合适不过。檀梅的新闻道路体现了她对文学和新闻的深刻理解。作为一名资深记者，她不只停留在冷静记录事实的层面，而是努力将情感、责任与文学的力量融汇于笔端，让新闻不仅传递信息，更触动心灵。她的研究和创作展示出媒体人应承担的社会责任：启迪心灵、凝聚人心。檀梅的笔，因使命感而坚韧，因文学素养而深刻，她将新闻与文学完美结合，赋予报道温度和力量。这种使命感与创新意识，正是她新闻生涯的独特魅力，也是她成为有理想、有热情、有坚守的新闻工作者的核心所在。

评析人

王军伟，浙大宁波理工学院传媒与法学院副院长、教授

？　本章思考讨论

1.在浙江飘萍奖获得者的事迹中，我们可以看到他们不仅在新闻报道中展现了极高的专业素养和道德勇气，而且在推动媒体融合发展、提升新闻报道质量等方面作出了显著贡献，体现了优秀新闻人对新闻事业的热爱和对社会责任的担当。请结合浙江飘萍奖获得者的事迹，探讨如何在个人职业发展中实践"铁肩担道义，辣手著文章"的精神，并思考如何通过创新和改革来推动个人及团队的成长。

2.在全媒体环境下，新闻工作者应如何利用自身的创新精神和专业技能，来开发新的新闻产品和传播形式，以适应不断变化的媒体环境和用户需求？

后　记

　　走过一个世纪的风雨沧桑，"飘萍"两字，意味着太多。对于广大新闻工作者而言，它是一团在手里呵护、于心中不灭的火苗；是身在大江南北也能天涯若比邻的一轮圆月；是历经众生百态却仍然坚定如初的内在操守。如今谈起飘萍精神，我们感念的是一种早已落成历史的薪火传承，我们澎湃的是一场永不停息的时代接力。

　　在这本汇聚了22位浙江飘萍奖获得者智慧与风采的采访实录教材即将付梓之际，我满怀着敬意与感谢，为这件意义深远的事写下后记。

　　首先感谢浙江省新闻工作者协会傅亦军秘书长的热心倡议和统筹谋划。秘书长对新闻工作始终怀着高度的政治责任感和深厚的感情，一直以来为推动浙江省新闻人才培养和事业发展、建设和发展浙江省记协勤恳实干，作出了突出的贡献。本书正是在他的推动下，号召学界业界与新闻同行共同培养卓越新闻人而做的一次尝试。

　　谨向22位受访者以及所有的浙江飘萍奖获得者致敬。他们中有的深耕一线，用镜头捕捉生活的点滴美好；有的运筹帷幄，以深邃的洞察力剖析社会现象；还有的笔耕不辍，用文字书写时代的风云变幻。他们的每一个故事，都是对新闻理想的坚守、对职业精神的诠释、对社会责任的担当。通过学生们的镜头与笔触，这些鲜活的形象与深刻的思想得以生动再现，为后来的新闻学子树立了光辉的榜样。尤其让我感动的是，他们以一颗包容、谦和的心，给青年学子提供学习锻炼的机会，让学生们在感同身受中坚定新闻理想。

　　感谢浙江省高等教育学会与浙江大学出版社的支持，以采访实录为基础编撰的《"飘萍"面对面：浙江飘萍奖人物案例解析》，属于浙江省普通本科高校"十四五"首批新工科、新文科、新医科、新农科重点教材建设项目，让我们得以为新闻教育事业出一份力。我们希望通过这本教材，让更多的新闻学子了解到新闻工作的真实面貌，感受到新闻事业的崇高与伟大，从而激发他们的职业热情，培养他们的专业素养，引导他们树立正确的新闻观、价值观与世界观。同时，我们也期待这本教材能够成为连接过去与未来的桥梁，让每一位阅读者都能从中汲取营养，为新闻事业的发展贡献自己的力量。

感谢参与此次活动的浙江传媒学院的师生，11 位老师对采访团队进行了精心指导：焦俊波、吴生华、周玉兰、王翎子、张雨雁、曾真、傅拥军、张博、胡晓阳、宋红岩、金叶。109 位学生参与了采访活动：莫海聪、孙硕、涂海钰、王琳、杨灿、吕张蕾、戴安娜、项雯雯、胡孳崙、张家祺、陈睿俊、殷方语、索子菲、李连博、薛宸、卓欣怡、陈思思、陈欣欣、丁之健、胡宇韬、唐懿芊、吴桂红、孙雨璇、黄羽翔、林紫歆、金瓯羽、孙千然、汪康、胡新隆、高晗哲、杨冰儿、宋来慧、申怡、扈光前、叶艺、沈嘉宁、闫筱曼、黄美蓉、刘心语、顾佳诚、胡轶涵、罗灵杰、平天宇、王冠世豪、陈璐、张晓霞、代晓东、姜亭亭、刘世成、朱怡宁、王新彤、雷萱、冯芯然、张雨超、王涵璐、王蔚韬、董萧波、赵鹏波、郭秀慧、周妍贞、严雪珂、李稚伊、吕希、韦娇娇、容开文、吴吉如、靳松阳、周健、李婵、魏淑媛、周沛君、范一谦、田嘉艺、崔铭洋、郭井烜、崔若楠、白悦羲、张怡、蒋昊、姜沁伶、杨小涵、吴雪荣、丁梓珂、吕希、韦娇娇、姜增煜、张艾末、高涵智、陈昱彤、王默吟、孙杨洋、段雨辰、韩承乙、曹沐阳、王沁怡、吴修锦、高赛涵、陈剑、陈一典、刘恒瑞、仲欣如、方鹏、沈钰颖、江森、金浩楠、叶艺、沈嘉宁、邵雪松、吴秀涓。

最后，衷心感谢中华全国新闻工作者协会党组成员、书记处书记殷陆君亲自为本书作序，衷心感谢浙江省新闻工作者协会、浙江省高等学校新闻传播学类专业教学指导委员会以及各高校新闻院系的专家教授参与本书人物评析的撰写，特别感谢焦俊波老师、汪紫阳老师、蒋婧老师和我的研究生贾丽楠同学、苏景涛同学在采访视频和编校工作中的辛勤付出，感谢所有支持与帮助过我们的人。是你们的共同努力与付出，让这本教材得以顺利出版，让新闻的精神得以传承与发扬。

愿新闻之光永远照亮前行的道路。

李文冰

2025 年 6 月于杭州